Javier Álvarez Benedí

El viaje de vuelta

Superando el accidente que cambió nuestras vidas

JAVIER ÁLVAREZ BENEDÍ

A la familia y a los amigos que nos
acompañan en este viaje que es la vida.

Nota bene

Querido lector, este relato tiene un solo autor, pero dos narradores. El primero vivió esta historia en primera persona y así la cuenta. Él no estuvo presente en algunos momentos que merecen ser contados, pero yo sí. Yo también estuve allí.

Contenido

Prefacio

A la hora de escribir estas líneas, aún no tengo claro cuál es su propósito. Ya sé que es un pésimo comienzo, pues no se concibe una empresa sin un plan o, al menos, un objetivo, más o menos concreto, o más o menos ambicioso.

En principio, pensé que algo parecido le había podido pasar a don Alonso Quijano, más conocido mundialmente por don Quijote de la Mancha, cuando saliendo por la puerta falsa de un corral, arrancó su aventura. Pero luego caí en que el ingenioso hidalgo sí partió con un noble propósito, que era el de «desfacer agravios, enderezar entuertos y proteger doncellas», cosa que no se aplica en mi caso.

Sin embargo, y a pesar de que la Literatura universal nos ofrece alternativas más épicas a este relato, estas páginas contendrán una historia única, más real que muchas, más personal que casi ninguna.

Compartir lo que pasó por mi cabeza en uno de los momentos más trascendentales de mi existencia es algo que me prometí en los días de hospital y que, por lo tanto, me debo a mí mismo, así que voy a aceptar el sacrificio de escribir un borrador y ya veremos qué hacemos con él mañana.

Esta historia tuvo lugar en unas vacaciones en Galicia, eso ya la hace especial. El punto de partida y el destino era una pequeña aldea en la encantadora ría de Muros.

Allí, he tenido el privilegio de ser vecino del escritor Suso de Toro, que espero que algún día perdone esta atrevida intromisión en la escritura, si llega a saber de su existencia. En desagravio, diré que es, quizás, imprudencia suya (alimentada por un periodo de recuperación estival en el que aprendí muchas cosas) el que haya empezado este relato, pues en su libro *Dentro de la Literatura,* leí: «la magia de la palabra escrita es que tiene duración, resiste el paso del tiempo y puede que esta palabra sea leída cuando el autor ya no esté vivo».

Pudimos morir, un día cualquiera, pero no lo hicimos. Pudo ser nuestro momento, pero no lo era. Esto merece ser contado y que perdure, cuando hagamos el viaje definitivo.

Javier Álvarez Benedí

Louro, junio —agosto de 2023

1. Despierto

De repente, me despertó el inconfundible sonido de los neumáticos rodando fuera del asfalto. Casi al mismo tiempo, fui consciente de unas aterradoras sacudidas en el volante, provocadas por el terreno irregular por el que nuestro automóvil circulaba.

Solo había sonido. Aún no percibía luz, porque mis ojos estaban cerrados. En apenas un segundo, sin tiempo para darme cuenta de dónde estaba, mientras mis párpados se levantaban apáticos, y sin margen para ni siquiera fijar la vista en algo concreto, sentí un golpe brutal en todo mi cuerpo.

El sonido del vehículo rodando por la cuneta quedó entonces ahogado por el atronador ruido del impacto. El tiempo se ralentizó. La estructura y las partes exteriores del coche se deformaban, mientras el motor se desplazaba de su habitáculo, y eran arrancados de cuajo amortiguadores y otras piezas de la estructura del vehículo. A ello se unía, en una estremecedora apoteosis acústica, la pirotecnia de cinturones de seguridad y de los airbags, que se desplegaban en ese instante.

Ya con los ojos abiertos, vi que el impacto se había producido en la parte frontal izquierda del automóvil, contra lo que parecía un bloque de hormigón. Aquello lo convertía en un accidente muy grave, prácticamente mortal. Tras la colisión, el automóvil había girado sobre sí mismo, aterrizando apenas unos metros más adelante, fuera de la carretera.

Apenas habían transcurrido dos segundos más desde el sonido que me despertó, hasta que todo se detuvo de nuevo. Se hizo, de repente, un silencio casi absoluto.

Solo entonces comprendí que habíamos sido víctimas de un accidente grave y que nuestras vidas podrían haber cambiado para siempre.

No podía creer que eso nos estuviese pasando a nosotros, que me estuviese pasando a mí. Del sueño habíamos pasado a la vigilia más terrible y desgarradora. En un guiño de la vida, habíamos sido arrancados de los brazos de Morfeo, quien nos permitía entonces huir, mortales, de las tensiones de nuestra rutina, para ser directamente arrojados a la ciénaga del infortunio.

Todo era confuso y doloroso, apenas podía tomar conciencia del entorno. Estaba tan aturdido, que era incapaz de evaluar la situación. Escuché los quejidos de dolor de Pablo, mi hijo, en el asiento trasero. Después de todo, y particularmente de la brutalidad del golpe, sentí alivio al pensar que estaba vivo y consciente. Percibí humo y caos.

Miré a mi derecha, en el asiento del acompañante, mi mujer, Silvia, permanecía inmóvil, con la cabeza caída sobre su pecho y su cuerpo muerto. Rápidamente, me di cuenta de que no estaba dormida, sino inconsciente. Podía estar muerta, es cierto, pero aquello ni se me pasó por la cabeza. Temí por su vida y desesperadamente la zarandeé. Su cabeza estaba caída, sus brazos exánimes y no reaccionaba a mis sacudidas. Supliqué, con esa voz que solo el miedo, la preocupación y la tristeza son capaces de arrancarnos.

—Silvia, despierta, ¡Silvia! —chillé.

Era un grito desgarrador, pero débil, ahogado por la falta de aire en mis pulmones. Un alarido con sordina, pues yo apenas podía entonces respirar. Recordaba esta misma sensación de falta de aire cuando, en mi juventud, en un par de ocasiones, me había dado un golpe en el estómago y el diafragma se me había contraído de tal manera que me resultaba imposible respirar. Ahora intentaba relajarme y coger algo de aire, pero mi capacidad pulmonar estaba muy limitada y apenas lo lograba. Luego sabría que, entre otras cosas, en esos momentos tenía el esternón partido en dos.

Silvia no reaccionaba. No podía asumir que todo eso era real. Ni siquiera era consciente, en ese momento, del peligro de mover el cuello a una persona accidentada. Me aterroriza ahora pensar que, si ella hubiera tenido alguna lesión cervical, tan probable en esos accidentes, yo habría podido acabar con su vida en ese instante o provocarle una lesión fatal de por vida. Así de duro habría sido el castigo por mi segunda negligencia en apenas unos segundos. Pero en esas circunstancias yo no pensaba más que en reanimarla, traerla de vuelta cuanto antes, saber que ella estaba viva.

Nos interrumpió una voz por el sistema de audio del vehículo:

— ¿Están ustedes bien?

Recordé que el automóvil tenía un dispositivo de comunicación en caso de emergencia (SOS) pero hasta ese momento no sabía que alguien podía ponerse en contacto con nosotros de esa manera. Supongo, entonces, que el automóvil envió automáticamente un aviso del accidente a algún teléfono de socorro. Si eso fue así, con el aviso de accidente no remitió ningún dato de su magnitud, porque el mero hecho de preguntar si estábamos bien indicaba que quien estuviese al otro lado desconocía las proporciones del impacto que habíamos sufrido. Intenté gritar con el poco aire que tenía:

— ¡No, no estamos bien! ¡Hemos tenido un accidente! ¡Mi mujer no despierta! ¡Necesitamos ayuda!

Mi hijo, desde el asiento de atrás, completó la respuesta con algún insulto inmerecido, pero perdonable, dado lo estúpida que resultaba la pregunta en aquellas circunstancias.

Y fue entonces cuando sentí un calor abrasador en la parte lumbar que, junto con el humo, me hizo pensar que el vehículo se estaba incendiando. Aparté mi espalda del asiento para mitigar la sensación de quemazón. Más adelante, en el hospital, descubriría que no era fuego, sino un dolor de origen neurológico, aún desconocido para mí hasta entonces, producto en este caso de la rotura y desplazamiento de una vértebra.

Quería abrir la puerta del automóvil, pero parecía obstruida. Probé desesperadamente a darle una patada, pero apenas tenía fuerza. En medio de la confusión intentaba mantener la calma (mi cerebro nunca había estado tan aturdido como entonces). Repentinamente, recordé el botón de desbloqueo y lo pulsé. Para entonces ya había alguien intentando abrir desde fuera. Era una pareja joven, de unos 30 años. A la vez que abrían mi puerta les supliqué:

— ¡Por favor, atiendan a mi mujer, no despierta!

La joven se quedó conmigo, mientras su pareja fue rápidamente a atender a Silvia. Recuerdo que salí del coche por mi propio pie. Conducido entonces por la mano de la chica que nos socorrió hasta un lugar unos metros atrás, para tumbarme allí en la hierba. Instantes después, tumbaron a Silvia a mi lado. Solo había mucho dolor y varias personas ya alrededor, intentando ponernos cómodos. Intentaban tranquilizarnos, pero no estábamos nerviosos, sino aturdidos.

Me vi entonces la camisa cubierta de sangre. Mal asunto. No podía saber de dónde provenía, pero la hemorragia estaba tiñendo todo el pecho. Mi aspecto debía ser preocupante. Pero el dolor era tan intenso como para que entonces aquello fuera para mí una preocupación menor.

En un instante, en el que pude hacer un esfuerzo para reincorporar levemente mi cabeza, vislumbré a Pablo, mi hijo, sentado y apoyado contra lo que parecía ser un portalón de hierro, que daba acceso a una parcela. No tenía heridas, no había sangre en su caso, así que me tranquilizó muchísimo verlo así.

Sin embargo, ¡qué paradoja!, esta fue otra temeridad, pues Pablo entonces tenía una lesión muy grave, que requería inmovilización total: fractura de la vértebra cervical C2, con desplazamiento y fractura del odontoides, que como luego me explicarían, se trataba de un huesecillo apéndice de la misma vértebra. Esa fractura es la causa de la mortalidad de una gran mayoría de los fallecidos por accidente de tráfico y es algo que el cinturón de seguridad no siempre evita, como en este caso.

Los instantes después de un accidente son críticos para la supervivencia y para minimizar las secuelas de los accidentados. Sin embargo, y a pesar de conocer bien la teoría, en nuestro caso fallamos estrepitosamente: yo había zarandeado a Silvia, intentando despertarla; y más tarde Pablo fue movilizado y sentado, probablemente pensando que su aspecto era mejor que el nuestro (yo sangrando y Silvia inconsciente).

Estábamos recostados en el suelo, un suelo de hierba como el que luce en Galicia en primavera. Las personas que nos asistían trajeron algunas prendas para usar como almohadas y se valieron de algunos paraguas para protegernos del sol, además de hacer todo lo que humanamente estaba en su mano para hacernos ese momento lo más llevadero posible.

Tenía a Silvia tumbada a mi lado, gimoteando por los dolores, que en aquellos momentos eran ya insoportables. En esas circunstancias, todas las fuerzas eran necesarias para resistir el dolor y mantenerse vivo. Ella no recordaría nada del accidente, y más tarde nos diría que creía haberse despertado en la ambulancia, pero allí mismo mantuvimos una breve conversación:

—Pero, ¿qué ha pasado? –me dijo con un hilo de voz, casi imperceptible.

—Me he dormido —le contesté con lágrimas de dolor, tristeza y culpa.

En esos momentos me sentí mal, muy mal. Dolorido por el golpe, pero aún más por ver a mis seres queridos en aquella difícil situación.

A pesar de la desgracia, fue una suerte enorme tener el accidente a esa hora (poco antes de las cinco de la tarde), ya que pudimos contar con el socorro de otras personas casi al instante. El dolor hubiera sido el mismo en un accidente por la noche en una carretera solitaria, pero seguramente todo habría sido muchísimo más duro y lento.

Intenté buscar la mano de Silvia, para agarrarnos, pero el dolor me lo impidió. Traté entonces de tranquilizarme y encontrar aire.

2. Un día maravilloso

Allí estábamos tumbados en la hierba, esperando la primera atención médica y aún sin superar el aturdimiento inicial. Otros conductores se habían parado y se daban consejos entre ellos:

—No los mováis.

—Traed algo para darles sombra.

—Estad tranquilos, el chico está bien, está viniendo la ambulancia –nos decían, tratando de mantenernos lo mejor posible.

Mientras tanto, yo intentaba hacer una primera evaluación de la situación. Mi cabeza se desconectó de la realidad, desbordada ahora por preguntas para las que no encontraba respuesta posible: ¿Cómo ha podido pasarme esto a mí? ¿Cómo he podido quedarme dormido mientras conducía? ¡Con mi experiencia!

Me veía en el suelo, con mi familia maltrecha, y yo envuelto en dolor y en sangre.

Apenas podía admitir que todo aquello me estuviese ocurriendo. Era una sensación mixta de irrealidad y de incredulidad, eso sí, empañada por una sensación de absoluto aturdimiento.

He visto a muchas personas pasar por situaciones de incredulidad similares ante pérdidas de familiares. Amigos que me han reconocido estar «como en un sueño» en esos momentos. He sabido, tiempo después, que es algo bien conocido en la psicología del duelo.

El primer paso, entonces, era aceptar lo que nos había pasado. Esto supondría para mí un ejercicio mentalmente exigente, porque en esos momentos estaba desbordado por el dolor y la preocupación por mis seres más queridos y porque, no podía ignorarlo, yo era el conductor y el único responsable de aquella desgracia.

Traté de apartar de mí este último pensamiento, porque me provocaba una sensación aterradora, que me hacía sentir físicamente peor y me traía aún más dolor, ese dolor que acompaña siempre a la angustia y al amargo sentimiento de culpabilidad.

Fue milagroso que los tres saliésemos con vida de aquel brutal accidente. Lo más normal hubiera sido acabar nuestras vidas en ese suceso. Nos habría sorprendido la muerte de improviso, después de un maravilloso día, cuatro de abril del año dos mil veintitrés, en medio de las vacaciones de Semana Santa, que empezó con un paseo en la playa con mi perra, Taika, y continuó con una comida agradable con la familia y amigos. Ahora recordaba el cielo azul, prácticamente sin nubes y el sol que nos daba de pleno mientras conducía camino a Louro, con Silvia y Pablo durmiendo mientras yo trataba de conducir de la manera más suave posible, despacio, sin música, sin ruidos que pudieran sacarles de aquella placentera siesta, más allá del rumor del motor en marcha. Y sin solución de continuidad, la guadaña podría haber segado nuestros destinos.

Sin ir más lejos, pocas semanas después, una mujer falleció en un accidente muy similar a unos diez kilómetros de Louro, en la localidad de Carnota. Exactamente el mismo dibujo: un conductor que se queda dormido, el automóvil que se sale de la calzada y colisiona contra una tajea. De hecho, el impacto de nuestro accidente fue significativamente mayor, a juzgar por la foto del automóvil de este segundo accidente, que fue publicada en la versión digital del periódico *La Voz de Galicia* del doce de junio. Podríamos haber fallecido, no cabe duda, y le debemos mucho a los sistemas de seguridad de nuestro automóvil, un BMW Active Tourer.

He escrito, un par de párrafos más arriba, que era un día maravilloso y, sin embargo, hasta el accidente lo habría calificado como de un día prácticamente normal en Louro. Un día de vacaciones, agradable, sí, pero normal… no necesariamente un día maravilloso.

Esta es la diferencia de ver las cosas desde la posibilidad de haberlas ya perdido para siempre. Un paseo con el perro, una comida con los amigos, incluso cosas menos relevantes que pasamos por alto cada día, pueden verse muy diferentes desde la perspectiva de la muerte.

Basta pensar que podemos estar haciéndolo por última vez para encontrar matices maravillosos en todo lo que hacemos en la vida.

3. El rescate

La espera de los servicios de socorro se nos hizo muy larga y penosa. No puedo determinar con exactitud el tiempo, que no serían más de veinte minutos, pero el dolor estiraba el tiempo, haciendo de cada minuto una eternidad. Por fin llegaron dos sanitarios y nos atendieron. Él era quien parecía tomar las decisiones sobre nuestro estado y la gravedad que revestía el accidente. Tendría que tomar decisiones con apenas información sobre nuestro estado. ¡Qué trabajo tan complicado!

Llegaron también al lugar del accidente Concha y Moncho, nuestros amigos de Louro con los que habíamos compartido comida. Ellos viajaban en su automóvil, se habían adelantado unos metros y nos habían perdido de vista. Al ver que no les seguíamos, habían parado a esperar un poco más adelante y finalmente determinaron dar la vuelta, hasta que nos encontraron accidentados:

— ¡Javier! ¡Silvia! ¿Qué ha pasado? –exclamó Concha con un tono de intenso desasosiego.

Sentimos la preocupación de nuestros amigos contemplando incrédulos nuestro accidente y nuestro estado.

Tener a amigos, familia, en esos momentos es una auténtica bendición, porque uno se siente arropado, dentro de toda la desgracia. Ya siendo asistidos nosotros, me asaltó repentinamente la preocupación porque Taika, nuestra perra, estaba en casa sola y debido a nuestro traslado al hospital iba a quedar encerrada y sin comer. Son esas pequeñas cosas que un amigo o un familiar te puede resolver fácilmente. También recoger los enseres más importantes del coche, las llaves de casa... asuntos triviales, pues casi resulta cómico preocuparse por eso cuando la vida de tus seres queridos y la tuya propia está en peligro, pero así son nuestras vidas y nuestras preocupaciones.

Poco a poco, iban llegando los servicios de emergencia. El Grupo de Emergencias de Muros, un helicóptero medicalizado, la Guardia Civil de Tráfico...

El médico se dirigió a mí y me dijo que, después de hacer una valoración rápida de los tres accidentados, pensaba que mi estado era el más peligroso. Temiendo que debajo de la rotura del esternón pudiera haber algún daño respiratorio más importante, decidió trasladarme en el helicóptero hasta el hospital. La exploración no fue mucho más allá de lo visual, pero eso sí, recuerdo un dolor inmenso en el pecho cuando me presionó para comprobar la extensión de las fracturas. ¡Ya lo creo que las había!

Me tranquilizó saber que, en un primer instante, mi estado era aparentemente el peor de todos y que por eso habían decidido trasladarme a mí en helicóptero. Ahora sigue pareciendo una decisión lógica, porque era el único que sangraba y la colisión se produjo fundamentalmente en la parte frontal izquierda del coche, siendo la posición del conductor la más próxima al impacto.

De hecho, Pablo parecía estar bien cuando lo vi sentado (luego sabría que nada estaba más lejos de la realidad y de que fue el que más cerca se vio de una lesión irreparable o incluso de la muerte). Silvia, sin embargo, tuvo muy mala pinta desde el primer momento, así que saber que en apariencia estaba mejor que yo era una buena noticia.

Me subieron a una especie de camilla, con algo que se infló alrededor para inmovilizarme. La camilla era en realidad una superficie de plástico rígido, uno de los artefactos más incómodos sobre los que había estado nunca. A pesar de todo, me sentía acogido y reconfortado al pensar que no podía estar en mejores manos.

La presión de la inmovilización generó un intenso dolor en el pecho, que hizo que se me escapase algún quejido, pero aún con esa presión adicional, podía respirar. Así me trasladaron al helicóptero, que ya esperaba en la finca más cercana al accidente.

El aparato parecía tener problemas para aterrizar y cambió de ubicación, alargando aquellos instantes infinitos. Ya estaban llegando también dos ambulancias, que trasladarían a Silvia y a Pablo al hospital. Los servicios de emergencia habían instalado unas lonas para proteger visualmente las operaciones de rescate de las miradas de curiosos y también para facilitar el trabajo de los equipos médicos.

Mientras sentía que el tiempo se detenía, contemplaba el cielo azul de un soleado día primaveral e intentaba mantener mi mente alejada de aquel intenso dolor que me recorría todo el pecho y la espalda. Aquel aire puro de la montaña gallega se negaba a llenar mis pulmones, así que traté de tranquilizarme.

Por fin, aterrizó el helicóptero en una parcela, a unos pocos metros de donde estábamos. Llegó el momento de trasladarme. Cada paso que daban los improvisados camilleros (entre ellos mi amigo Moncho) por el terreno irregular se traducía en un escalofrío que recorría mi cuerpo. Nunca habría imaginado que el pequeño recorrido encima de aquel maldito bloque de plástico fuera tan doloroso.

Llegamos rápidamente al helicóptero. Después, fui introducido por un hueco bastante estrecho, me pareció que era la parte posterior de la aeronave.

El habitáculo era más estrecho de lo que había imaginado, pero allí tenía el cuidado de los dos sanitarios que me acompañaron, ya tomándome algunos datos y estabilizándome de camino al hospital. Arrancaron los motores y el médico me informó de que el trayecto serían unos 12 – 15 minutos y que me llevarían al Hospital Clínico Universitario de Santiago de Compostela.

Supongo que para entonces ya estaba bajo los efectos de algún analgésico, porque el recuerdo que tengo de ese traslado no es tanto el dolor como la ansiedad por llegar cuanto antes al hospital.

4. La última puerta

La casualidad, la fortuna, la Providencia (o, elija el lector la causa que él mismo prefiera) quiso que los tres saliéramos vivos del accidente. Que nuestras vidas prosiguieran después de un alto obligado, nos enseñaría a ver las cosas desde otra perspectiva. Aquel día podíamos haber terminado ahí, pero en ese lugar empezaba un viaje de vuelta que iba a cambiar por completo nuestras vidas. Aún no sabíamos hasta qué punto, pero lo verdaderamente relevante es que aquél fue el momento y lugar en el que más cerca estuvimos de la muerte.

La muerte es una realidad excepcional en nuestras vidas; sin embargo, es algo cotidiano. Cada segundo, mueren dos personas en el mundo. Puestas en fila, cada día se formaría una cola de más de cien kilómetros de larga. Cuesta hacerse a la idea de lo que esto supone. Generalmente, nos resulta lejana, pero es algo necesario, que forma parte del equilibrio social, como elucubraba Saramago en *Las intermitencias de la muerte*. En esta novela, a partir de la medianoche de un uno de enero, la parca deja de hacer su trabajo, se dejan de producir fallecimientos y entonces sobreviene el caos. Lo que parecía una fantástica noticia, acabaría generando un desorden en la sociedad, que no está preparada para la inmortalidad.

¿Lo estarían las personas? Me temo que tampoco, a pesar de la ilusión con lo que la buscó José Arcadio Buendía en *Cien años de soledad*, de Gabriel García Márquez, interesado en las enseñanzas del gitano Melquíades. O, más recientemente, los seguidores de la crioconservación, algunos de los cuales esperan ya en gélidos tanques de laboratorio su particular viaje de vuelta (que no anticipo fácil en absoluto).

Hago un inciso aquí, porque hace ya varios años que leí el libro de Saramago que acabo de citar más arriba, precisamente durante un verano en Louro, pero hoy he ido a consultarlo y no lo he encontrado en mi biblioteca. A los libros, como a las personas, parece que no los echamos realmente de menos hasta que nos damos cuenta de que ya no están. La ventaja del libro es que siempre podemos hacernos con una copia. Por ahora, las personas somos irrepetibles y únicas.

La muerte tiene dos perspectivas muy diferentes: la de los que se van y la de los que se quedan. La segunda es, a mi juicio y por regla general, la más dura. No hay un dolor más desgarrador que la nostalgia por la ausencia de algún compañero de esta vida que nos deja. Cuanto más cercana es la persona, más desgarradora es su ausencia, porque con ella una parte de nosotros se va para siempre. Tratamos de agarrarnos a su recuerdo, para mantenerlo vivo, al menos en nuestra mente, pero ya nunca más contaremos con su calor, y eso es quizá el sentimiento más duro que podemos experimentar.

Siempre me ha admirado que hasta el mismo Jesús de Nazaret lloró ante la tumba de su amigo Lázaro, incluso momentos antes de resucitarle... en lo que es una historia preciosa y conmovedora. Y creo que lo es, tanto para las personas que sean creyentes, como para las que no, pues me estoy refiriendo al instante en el que Jesús encuentra a las afligidas hermanas de su amigo, allá donde tantas veces él había compartido vivencias, alimento y techo. Ellas están destrozadas y su amigo muerto, tras unos días de agónica enfermedad. Una historia que ha inspirado no pocas obras de la literatura universal, desde Tolstoi hasta Gustavo Adolfo Bécquer.

La muerte de un ser querido y compartir el dolor de los seres que le rodean es, desde luego, uno de los momentos más duros que se pueden enfrentar en la vida. Y esta historia de Lázaro presenta una escena de dolor y amistad infinita.

¿Qué puede entonces mitigar la pena de nuestra alma ante una pérdida? Por desgracia, con la edad vamos experimentando cada vez con más frecuencia el dolor de la ausencia de aquellos que han partido. Pero no va de eso este relato, sino del privilegio de despertarse cada día, de disfrutar, de amar y de ser amado... sabiendo que todo eso tiene un fin.

En cuanto a la muerte desde la perspectiva de los que se van, voy a empezar con una anécdota de mi infancia. En un recorte de periódico que conservaba mi tía Amelia en su casa de Astorga entre los recuerdos de mis abuelos (supongo que era de *El Pensamiento Astorgano*, periódico editado en Astorga desde 1904 hasta 1979) se recogía un obituario sobre mi abuelo Agapito. Me lo enseñaba con orgullo mi tía, cuando tendría yo no más de diez o doce años. El recorte se hacía eco de que mi abuelo confesaba que él no tenía miedo a la muerte: que le bastaban cinco minutos para prepararse y estaría listo. También recuerdo esta misma idea en boca de mi padre, que era una persona con una fe católica que, a veces, rozaba lo irracional tan descaradamente que en repetidas ocasiones llegué a oírle como se autocalificaba de "suicida" en determinadas decisiones vitales, por la confianza que depositaba en la Divina Providencia.

Para algunas personas, dependiendo de las creencias, de las vivencias, o de las experiencias de cada uno, la muerte se ve como un misterio que provoca temor y ansiedad. Por el contrario, mi padre tenía claro que su vida era como «un valle de lágrimas» pasajero, antes de ganarse la eternidad, que esperaba merecer después de su muerte. Con otras palabras, mi padre reiteraba lo que más elaboradamente había dicho Jorge Manrique «Este mundo es el camino para el otro, que es morada sin pesar».

Para mi padre y para mi abuelo, la muerte era la última puerta de este *vallis lacrimarum*. Actitud envidiable, sin duda, porque hace de la muerte una parte natural (y hasta esperanzadora) de la vida. Nosotros, sin duda, estuvimos muy cerca de aquella puerta el cuatro de abril del año dos mil veintitrés, pero no la franqueamos. A estas alturas, veo la muerte como algo inevitable, pero después del accidente ya no la veo como algo tan lejano y he aprendido que cualquier día nos puede pasar.

He tenido la ocasión de compartir ideas sobre este tema con Silvia y ambos coincidimos en que, ni ella ni yo, sentimos en ningún momento miedo a morir después del accidente. Una de las razones, probablemente, fue que en esos momentos nos preocupaba mucho más la supervivencia del resto, particularmente de Pablo.

Desde lo que podría haber sido el umbral de la muerte, de perder un hijo, la esposa, el marido, o habernos quedado los tres allí, los problemas cotidianos adquirían una dimensión muy diferente. Por ejemplo, las pequeñas discrepancias con la inquilina del piso que teníamos alquilado parecían ahora un problema insignificantemente ridículo. Lo mismo sucedía con cualquier otra pequeña dificultad, inconveniente, o conflicto de nuestro día a día. Eran nimiedades como una mancha de humedad en la buhardilla, una compra no recibida, u otras simplezas, que habían consumido energía en nuestra cotidianidad.

Aunque esto parezca incongruente, teníamos la sensación de que el accidente y lo que sucedería durante las siguientes semanas nos iba a traer muchas cosas positivas. La primera fue ser conscientes de que teníamos el privilegio de salir vivos, con la perspectiva de la muerte tan cercana, y esa visión que ya nunca se nos olvidaría sobre lo que realmente importa.

Un accidente es un momento excepcional para pararse a pensar y plantearse si nuestras prioridades y nuestra vida coinciden con las que realmente queremos tener. Si son las que hemos decidido, por las que libremente hemos optado y por las que merece la pena luchar. La obligada inmovilización de tu cuerpo, la lenta recuperación, la impuesta desconexión de otras labores cotidianas, junto a la perspectiva de ver las cosas en el umbral de la última puerta, no son una desgracia, si somos capaces de aprovechar la oportunidad que entonces te presenta la vida.

Estamos cansados de leerlo y, amigo lector, tú estás seguramente de acuerdo en estos momentos, prometiéndote qué harías si supieras que vas a morir esta tarde, pero no sabes hasta qué punto ese pensamiento es acertado y tiene la fuerza para cambiar tu vida.

Siete años antes del accidente, en mayo del año dos mil dieciséis, visitaba con mis amigos David y Juanjo las ruinas de la histórica abadía de Orval, en la frontera entre Bélgica y Francia. Habíamos programado aquella visita para conocer el origen de una de las mejores cervezas trapenses de Bélgica, pero aprovechamos para dar un paseo por los alrededores. Fue entonces cuando me encontré con una frase, seguramente de algún monje cisterciense:

«How a man spends his life reveals his life and priorities».

La manera en la que un hombre emplea su vida revela su vida y sus prioridades.

El accidente ha vuelto a traer a mi cabeza este pensamiento porque, sin duda, analizar en qué estamos invirtiendo nuestra vida supone un criterio para conocernos mejor y reevaluar nuestras prioridades.

Al principio, me quedaba en la parte superficial de este pensamiento y consideraba sólo las actividades que ocupaban mi tiempo, durante el día, pero ciertamente estoy descubriendo que es interesante también revisar lo que ocupa nuestra cabeza, incluso cuando estamos haciendo otras cosas. Hacer este ejercicio, desde la perspectiva de la muerte, me resulta, cuando menos, ilustrativo e interesante.

5. Ingresando en la unidad de críticos

Instantes después de aterrizar el helicóptero en el hospital, recuerdo circular en la camilla, en lo que era, desde mi punto de vista, un recorrido por los techos del centro sanitario, ya que es lo único que podía ver cuando abría los ojos. Seguía totalmente inmovilizado en la especie de tabla rígida en la que me habían instalado en el lugar del accidente pero, afortunadamente, ahora iba ya sobre ruedas. Faltaba poco, entonces, para las seis de la tarde.

Era el momento de un primer diagnóstico, ya en la unidad de críticos. Varias personas se afanaban en completar tareas que parecían tener bien protocolizadas. Percibí una actividad muy intensa a mi alrededor.

—Tenemos que romperle la camisa, ¿le importa?

Se trataba, claro está, de una interrogación retórica. No obstante, aquella camisa era, como casi todas las que llevaba a Louro, una de las más usadas y, por lo tanto, más cómodas que tenía.

—No importa, es vieja —les contesté.

Aquello les hizo bastante gracia, porque escuché repetir la frase entre ellos. Noté un ambiente de trabajo bastante proactivo y positivo que, junto con la profesionalidad de todo el personal, resultaba reconfortante. Me practicaron una primera extracción de sangre y de inmediato me trasladaron a otra dependencia, para hacer un escáner. Esta prueba de imagen iba a dar información precisa de todas las lesiones.

Terminada la prueba y de vuelta en la unidad de críticos, me preguntaron si podía orinar en lo que sería un artefacto muy familiar en las siguientes semanas para mí: el famoso "conejo". Cincuenta y siete años y había tenido la suerte de no haber utilizado anteriormente aquel artilugio. Tardé bastante tiempo en entender por qué se apodaba así a aquel orinal hasta que, un buen día, descubrí que hay modelos cuya forma imita el perfil de estos animales.

Intentar orinar por primera vez en el "conejo", pero con tres personas pululando alrededor, me resultaba extremadamente complicado. Se trataba de hacer un ejercicio de desconexión de la realidad, concentrándome en desconcentrarme, olvidándome de que había entrado al baño en el restaurante, al finalizar la comida, y de que no tenía ninguna gana ni necesidad. Intenté aislarme y centrar mi mente en el sonido del borboteo del oxígeno que me habían ya instalado, a través del humidificador.

Con mucho "desesfuerzo", conseguí lo que podría ser la esencia de una micción. Apenas unas gotas, que ofrecí como valioso producto, suficiente para un vial de cromatografía de alta resolución, a mi criterio. Así se lo hice saber:

—Espero que con esto tengáis bastante—les apunté con resignación.

Pero parece ser que no se conformaban con aquella cantidad, así que, de inmediato, me anunciaron que iban a sondarme, ya que en todo caso lo tendrían que hacer más tarde o más temprano. Acepté aquella noticia con docilidad, por lo inevitable que resultaba. Dado mi estado general, una sonda en el "pito" era un problema menor y por muy incómodo que fuera, nada comparable a los dolores que en aquel momento tenía en el pecho, en la espalda, en la pierna izquierda y en el talón del pie derecho.

Intenté relajarme mientras trataban de introducirme la sonda vesical. La sensación de la cánula ultrajando la parte más sensible del cuerpo resultaba desagradable, pero se enmascaraba por el dolor que en aquellos momentos recorría todos mis miembros. Lo acepté como una incomodidad más, junto con las vías que ya tenía en cada uno de los brazos y el oxígeno en la nariz.

Sin embargo, había un detalle menor que se me hacía cada vez más insoportable. Empezaba a resultarme extremadamente molesto mantener la misma postura desde que me subieron a la camilla en el lugar del accidente. Por desgracia, podía hacer poco más que sufrir: no tenía ninguna movilidad.

Me interesaba (y me urgía) mucho conocer cuál era mi estado real, pero me resultaba muy difícil valorar la gravedad de las fracturas, aspecto que los médicos tienen que decidir tras las primeras pruebas, ya con ayuda de imágenes del escáner y de las radiografías.

Con todo, el cuerpo avisa con dolor y el mío me estaba diciendo que, además del pecho, había algo mal en la pierna izquierda.

Intentaba levantarla, despegándola al menos un milímetro de la posición horizontal en la camilla. Así me lo pedía el personal médico que intentaba valorar mi situación, pero un dolor inmenso anulaba cualquier orden que saliese de mi cerebro en dirección a los músculos de esa pierna. Moverla, me resultaba imposible.

El personal sanitario, preocupado por la situación, intentaba discernir si no lograba moverla por una lesión nerviosa o si era el dolor lo que me lo impedía: esta diferencia tan sustancial me pareció, en aquel momento muy sutil. Hice un esfuerzo, que me pareció titánico, para intentar levantar un poco la pierna, lo que me arrancó un aullido de dolor. Creo que fui capaz, al menos, de poner en tensión mi extremidad y, quizá, levantarla unos milímetros. Supongo que eso fue suficiente para que los facultativos pudieran contrastar que tenía conexión nerviosa con los músculos y que no había una lesión medular, porque con ello me dejaron tranquilo unos instantes.

Poco después se abrían las puertas de la unidad de críticos e introducían a mi hijo en una camilla, que instalaron a mi izquierda. Pablo había sido trasladado en ambulancia, pero no ingresó mucho más tarde que yo al hospital. No podía incorporarme, ni siquiera tenía los ojos abiertos, pero recuerdo que me reconfortó mucho escuchar su voz.

Pablo conservaba bastante vitalidad y cierto sentido del humor. La casualidad quiso que una de las enfermeras que nos estaba atendiendo le reconociese. Ambos se habían cruzado el día anterior en la senda del Monte Louro, trayecto que Pablo hacía eventualmente para estar en forma. La chica, que aparentaba unos veinticinco años, era guapa y muy agradable, así que no es de extrañar que Pablo, a pesar de ir corriendo, se hubiera fijado en ella.

Ya en la unidad de críticos, hablaron del encuentro del día anterior: a ella le había llamado la atención Pablo, pues iba muy rápido («muy mangado» dijo). Ambos hablaron de la casualidad y Pablo bromeó acerca de que este segundo encuentro no debería ser el último.

Me anunciaron también que Silvia estaba ya en el hospital, en un *box*, en una ubicación cercana, y que no la habían trasladado a la unidad de críticos. Eso era una noticia excepcional, porque parecía indicar que ella estaba mejor, a pesar de haber quedado inconsciente tras el impacto. Era, quizá, la primera buena noticia después del accidente, además de que estábamos vivos (y parece que enteros) todos.

Escuché a Pablo hablar con el personal sanitario y resistirse de una forma casi heroica, cuando intentaron instalarle la sonda vesical. Pablo se cerraba en banda, quejándose y gritando que no iba a consentirlo, mientras el personal intentaba tranquilizarle y convencerle de que aquello era necesario. Dentro de la desgracia, resultó un momento gracioso: yo intentaba, desde mi camilla, convencerle de que se dejase hacer.

— Relájate y disfruta —le dije, en un tono de buen humor.

Esto seguramente arrancó alguna sonrisa a los presentes. A pesar de todo, el primer intento de "violación" a mi hijo resultó fallido y no pudieron sondarle.

Nótese que estas cosas, no obstante, resultan solo graciosas cuando le pasan al de al lado, y soy consciente de que no hacen ninguna gracia cuando es uno el protagonista. Un hombre con una sonda vesical es un hombre encadenado a una bolsa de la vergüenza, con la dignidad y la vejiga reducidas a la mínima expresión.

No obstante, las posibilidades de un paciente de salirse con la suya son muy reducidas... Yo, a pesar del orgullo de padre, por la resistencia a la "violación" de mi hijo, intentaba convencerle de que estuviese a la altura de las circunstancias y cuando vinieron refuerzos con una sonda de otro material (más fácil de instalar) ya no hubo más que rendirse al éxito del equipo sanitario y a la evidencia. Pabló resultó "felizmente" sondado.

6. Llamada a Astorga

Fue en la unidad de críticos, ya sobre las ocho de la tarde (unas tres horas después del accidente) cuando empezó a asaltarme la preocupación de llamar a mi madre. Conocida por Pilarín en su infancia en Morés (un pueblecito de la provincia de Zaragoza), me gustaba llamarla así, exagerando además un acento "mañico", ya que esto me transportaba a momentos muy entrañables de mi infancia y me evoca sus raíces. Vivía en Astorga, sola, desde la muerte de mi padre, el tres de marzo del año dos mil diecinueve.

Ya hacía tiempo que habían decidido mi padre y ella trasladarse a un piso más pequeño y dejar nuestra casa en la calle Dr. Mérida, a pesar de su excepcional ubicación, justo detrás del Palacio de Gaudí y de la Catedral. Desde su galería (estancia que hacía para nosotros las veces de salón—comedor) podían contemplarse unas vistas maravillosas del Palacio Episcopal, presididas por el famoso Pedro Mato desde el punto más alto de la Catedral.

Cuenta la leyenda que Pedro Mato fue un arriero que suministraba víveres e incluso armas a los habitantes de Astorga sitiados por las tropas francesas durante la Guerra de la Independencia. Sea como fuere, el sitio de Astorga por el ejército de ocupación de Napoleón duró del veintiuno de marzo al veintidós de abril de mil ochocientos diez, por lo que las heroicidades de Pedro Mato tuvieron que ser notables, para que en un mes consiguiese inmortalizarse para la posteridad.

Desde luego, los franceses nunca fueron ni siquiera tolerados en Astorga, donde el treinta y uno de diciembre de mil ochocientos ocho, Napoleón ya había sufrido un atentado frustrado, según la tradición, cuando estaba en el antiguo Palacio Episcopal (un antiguo caserón en el lugar en el que se desarrollaría el proyecto de Antonio Gaudí a finales de mil ochocientos ochenta y nueve). Pero de ahí a erigir una estatua a un arriero en el punto más alto de la catedral, hay un trecho que siempre me ha sorprendido, aunque este no sea el momento ni el lugar para abundar más en el tema.

Mi madre venía de una familia abierta, con muchas conexiones. El yayo visitaba regularmente el teleclub del pueblo, que era el principal lugar de encuentro de los vecinos. Era además socio de la Plaza de Toros de Zaragoza, plaza importante, ya que fue el segundo coso taurino de primera categoría de España. Mi madre me contó que algunas veces acompañaba al yayo a los toros, y no me cabe duda que de ahí venía la afición que siempre tuvo la Pilarín por la tauromaquia.

El cambio de aires, de Aragón a Astorga, tuvo que ser extremadamente duro para mi madre. Seguramente por eso, los hijos fuimos para ella la principal conexión con la vida. Y es que mis padres no pasaban juntos el tiempo libre, porque sencillamente les gustaba hacer cosas muy diferentes. Mi madre siempre ha tenido bastante aversión a salir de casa y a mi padre le encantaba escaparse: a la playa de Gijón (cuando éramos pequeños), o con su hermano Julio (cuando lo tuvo más cerca, en los últimos años de vida de mi tío). En todo caso, las principales actividades de mi padre fuera del negocio al que había entregado su vida (un almacén de coloniales reconvertido en comercio turístico) siempre consistían en conducir hasta León (a cuarenta y seis kilómetros de Astorga), a los encuentros de oración en la asociación de la Adoración Nocturna, a misa, o a nadar a una piscina bien climatizada. Esto resumía las prioridades de mi padre: cuidado del alma y del cuerpo.

Pero en cuestión de unos años, todos fuimos abandonando el nido familiar y mi madre se enfrentó al denominado síndrome del nido vacío. Las noches de invierno resultaron entonces muy duras para Pilarín, que en ocasiones se encontraba sola, en una casa en la que soplaba el viento por los cuatro costados. Cualquier ruido le daba miedo, por no hablar de las tormentas, que le hacían meterse en la cama de inmediato.

Mi madre había tenido una salud más frágil que la de mi padre, particularmente en lo referido a temas respiratorios. Pero fue mi padre quien empezó a estar seriamente delicado después de alguna neumonía y aquella casa resultaba algo inhóspita y enorme para ellos solos. Como primera solución, optamos por dividir la planta con una puerta en el pasillo, lo que permitía mantener una temperatura más confortable, ya con una caldera de gas, que evitaba la dependencia de la calefacción (aún operativa) de carbón. Pero pronto se hizo más evidente que una vivienda más pequeña y acogedora era mejor solución para que pudieran estar cómodos los dos. Cuando se mudaron a la avenida de Ponferrada, a un piso alquilado apenas a unos cien metros de la que había sido su casa durante más de cuatro décadas, mi padre ya tenía una salud muy frágil.

No recuerdo bien si aún abría el almacén, pero fue por esas fechas, en una recaída, cuando sentado en una silla de la habitación del hospital de León, mi padre me miró a los ojos y me reconoció que comprendía que su vida iba a cambiar y que ya no iba a poder continuar con el almacén. Es algo que todos teníamos claro, ya que el negocio no era entonces rentable y su salud era muy frágil. A pesar de ello, el almacén era "la vida" de mi padre y el día que no pudiese levantar la persiana para atender a sus clientes y a turistas, no sabíamos qué iba a ser de él. Pero, por desgracia, su estado de salud se debilitó de forma bastante progresiva y el tres de marzo de dos mil diecinueve, en el hospital de San Juan de Dios, de León, estando yo a su lado, le despedí con un beso en la sien mientras le dije:

—Tranquilo, papá. Yo cuidaré de todo.

Y así le vi irse en una paz absoluta hacia el lugar en el que él esperaba pasar el resto de la eternidad. Algo para lo que toda su vida había estado preparándose.

Así que, desde el fallecimiento de mi padre, mi madre había optado por vivir sola. Entre todos los miedos que cultivaba (que no eran pocos), destacaba una exagerada hodofobia. Realmente, nunca he sabido si lo que preocupaba a mi madre era un miedo a viajar o estar en un ambiente ajeno a su hogar. Quizá fuera más esto último, ya que sí se trasladaba a León, Ponferrada o incluso a Valladolid, cuando era necesario por cuestiones médicas o legales. En cualquier caso, el resultado era el mismo: subirse en un automóvil, tren o avión para viajar a algún sitio era casi una misión imposible.

Mi madre se negaba a ir de visita a casa de sus hijos o a emprender cualquier tipo de viaje vacacional. A pesar de su pasado abierto, lleno de amistades en Morés y más tarde en el Colegio de las Escolapias en Zaragoza donde estuvo interna unos años, no cultivaba muchas relaciones en Astorga. En esto, seguramente tuvieron mucho que ver las costumbres de la familia Álvarez y las pocas relaciones que mi padre mantenía fuera del almacén (él nunca salía y casi se jactaba de no pisar los bares ni restaurantes, a pesar de ser sus clientes).

Cada día, sobre las siete de la tarde, yo telefoneaba a mi madre para charlar unos minutos. Esa era la hora habitual en la que yo salía a pasear con mi perra Taika y era el momento ideal para tener una conversación sin prisas sobre cualquier cosa. El propósito de la llamada era, fundamentalmente, estar un rato entretenidos y compartir esas pequeñas cosas de la vida (dolores, temores, alegrías y, sobre todo, el tiempo y las previsiones para los próximos días).

Aquel día, en la unidad de críticos, se hicieron las ocho de la tarde y aún no había telefoneado a mi madre. Tenía que hacerlo para no inquietarla, pero no podía revelarle las circunstancias en las que nos encontrábamos, primero porque era una situación muy alarmante y ella no podía hacer nada, pero también por el hecho de que ni nosotros mismos sabíamos cuál era exactamente nuestro estado, más allá de que era grave.

Dado que Pablo aún tenía el móvil encima, se lo requerí para hacer la llamada a casa. Con el esternón partido, fisuras en algunas costillas y el oxígeno puesto, mi capacidad pulmonar y mi tono de voz tendrían que ser muy bien disimulados si realmente la idea era no preocuparla.

De no hacer la llamada, se habría puesto en lo peor, aunque bien pensado, no creo que hubiera llegado a imaginar que estábamos tan mal. En cualquier caso, y pese a que Pablo insistía en que no era buena idea, conseguí hacer la llamada.

Fue una conversación insustancial, como la de muchos días, pero lo importante era hablar, sentirse conectados. Para ella, romper la soledad de muchos días en los que ni siquiera salía de casa y, a la vez, mantener el ritmo vital que demandaba que a las siete se tomaban las medicinas y sobre esa hora llamaba Javier.

— ¿Pablo? —contestó mi madre al ver que el teléfono que le estaba contactando era el de mi hijo.

— Hola mamá, soy Javier, que te llamo con el teléfono de Pablo.

— Ah. He estado llamándote, pero no me contestabas. Estaba preocupada, digo… ¿les habrá pasado algo?

Esta afirmación no me sorprendió, porque supuse que al ver que había pasado la hora, ella ya había intentado ponerse en contacto conmigo y que al no localizarme, sus alarmas ya habían saltado.

— Pues es que mi teléfono se lo han quedado mis amigos Moncho y Concha, porque hemos tenido un pequeño golpe con el coche, que no ha sido nada. Pero me duele un poco la rodilla y por precaución, hemos venido a que me la vean en el hospital.

— Pero… ¿os habéis hecho algo?

— Nooo. ¡No ha sido nada!, solo hemos venido por pura precaución. Silvia y Pablo no tienen nada, pero a mí me duele un poco la rodilla, puede que me haya golpeado al frenar o algo.

— ¿Al coche le ha pasado algo?

— Un rasguño. Nada. Pero bueno, que por eso no te he podido llamar. Que estamos bien, pero con todo este lío se me ha pasado la hora de llamar. Mañana comentamos con más tiempo. ¿Tú qué tal estás?

— Yo bien, aquí está haciendo bueno, pero la casa está muy fresca y estoy con chaqueta y no me sobra nada… Bueno, anda, mañana hablamos. Que os vaya bien en el hospital.

— Vale, mamá. Hasta mañana.

Siempre he sabido que soy buen actor, pero aquel día me consagré ante el personal sanitario, que admiró mi interpretación, dadas las circunstancias, y no escatimó comentarios de asombro y felicitaciones. Sin duda, fui merecedor del premio al mejor actor con vías, oxígeno y sonda vesical instalados.

Instantes después, trajeron a Silvia en otra camilla. Su estado parecía ser bastante peor y apenas musitó alguna palabra con Pablo, que no acerté a comprender.

Ver a Silvia en la unidad de críticos era una mala noticia, pero por unas horas volvimos a estar juntos los tres. A pesar de la inmensa incomodidad y dolor de esos momentos, era reconfortante volver a sentirnos cerca y poder hablar. Aunque las noticias que escuchábamos sobre nuestro estado de salud no fueran alentadoras, tenernos al lado nos daba fuerza.

Así lo manifestaba abiertamente el personal sanitario de la unidad, que celebraba que hubiéramos salido los tres vivos y que hiciésemos esa estampa tan positiva a pesar de las circunstancias.

No podíamos estar tristes, desde luego, más bien agradecidos por esta oportunidad de seguir con nuestras vidas, los tres.

7. Composición de lugar

Desde el momento mismo del accidente no había tenido un instante para analizar lo que estaba pasando. Me tengo por una persona reflexiva, que rumia una y otra vez los hechos y analiza desde diferentes perspectivas lo que sucede a mi alrededor. Sin embargo, desde el accidente hasta el momento en el que nos encontramos los tres en la unidad de críticos ya estabilizados, mi mente había sido víctima de una sobredosis de acontecimientos, de dolor y de sensaciones físicas que la habían mantenido en un estado a medio camino entre el aturdimiento y el desbordamiento.

Ya en la unidad de críticos, descartado el peligro de muerte, disipado el principal temor por los seres queridos, a quienes tenía al lado, arregladas incluso las primeras preocupaciones logísticas de menor importancia, pero más apremiantes, como era que alguien se encargara de nuestra perra, Taika, y después de haber mantenido la charla diaria con mi madre, dispuse del primer momento para pensar.

Y fue entonces cuando me asaltó aquel pensamiento, con un sabor desagradablemente amargo, que oprimía aún más mi pecho e incluso mi garganta. Un pensamiento negro oscuro, si es que se puede utilizar un color para definirlo, que sumía mi mente en las tinieblas más absolutas: yo había sido responsable de un accidente que podría haber sido mortal y de una situación de la que no era seguro cómo íbamos a salir.

¿Cómo me había podido pasar esto a mí? Y lo peor: ¿qué va a ser de nosotros ahora? ¿Qué sería de los proyectos, tareas, compromisos, ideas... que teníamos en marcha? ¿Qué será del futuro de nuestro hijo? ¿Podríamos volver a andar, a vivir, a hacer las cosas que veníamos haciendo? Ya nada sería igual.

La situación tenía muy mala pinta y no parecía fácil que aquello pudiera concluir con un final feliz, sin secuelas, como si nada hubiera pasado. Me sentí muy mal. Por primera vez me embargó un sentimiento depresivo, muy triste, bañado de culpabilidad por mi responsabilidad como conductor en el accidente.

Conecté de nuevo con el instante en el que me desperté con el sonido de las ruedas fuera de la calzada, las vibraciones del coche al entrar en la cuneta y el impacto, apenas medio segundo después. Recordé la sensación de incredulidad que tenía en el mismo momento del accidente, aún sin aceptar que aquello me estuviese realmente pasando a mí.

Pues sí, ahí estábamos y aquello tenía realmente muy mala pinta. ¿Qué mayor fracaso para un padre de familia que llevar al mismo umbral de la muerte a sus seres queridos?

Intuí la sensación de culpabilidad que hubiera tenido de haber colisionado con otro coche que circulase correctamente en dirección contraria, al invadir su carril, o incluso haber atropellado a alguien que estuviera caminando por el arcén de la calzada. En ese momento fui consciente de que, además de hacer frente al dolor físico, tenía por delante el difícil reto mental de superar mi responsabilidad en el accidente y en sus posibles secuelas.

Había sido una comida muy agradable en el restaurante *Casa Pego*, a una media hora de camino de Muros, que habíamos descubierto por recomendación del hijo de Concha y Moncho el año anterior y al que queríamos regresar los cuatro, esta vez acompañados por mi hijo Pablo. Era un sitio que nos había sorprendido muy gratamente, así que no me costó mucho convencer a Moncho de la idea de ir a comer una carne a la piedra cuando se lo propuse con solo un par de días de antelación.

El restaurante estaba muy concurrido aquel cuatro de abril, martes de Semana Santa, cuando empezamos a comer. El ruido ensordecedor de otros comensales (en España tenemos la mala costumbre de elevar el tono de voz cuando estamos disfrutando) había ido desapareciendo a medida que avanzaba nuestra comida y otros clientes abandonaban aquel lugar.

La carta incluía, entre sus vinos, un *Valduero*, que era la bodega donde trabajaba Pablo, una de las más antiguas y reconocidas de la denominación de origen de la Ribera del Duero. Se trata de un buen vino, por lo que la carta parecía bien cuidada y muy interesante. Por su profesión, suele ser Pablo quien decide el vino y en aquel caso se inclinó por probar un Albariño. Muy raramente bebo alcohol (para que haga una excepción, tiene que tratarse de un gran vino y desde luego nunca si estoy fuera de casa, con el coche), así que pedí mi clásica agua mineral con gas. Beber agua con gas me parece más ceremonioso, agradable y digestivo que tomar simplemente agua. Es algo que prácticamente solo hago fuera de casa y, por lo tanto, suelo pedirla siempre que comemos fuera. Bien servida, con hielo y limón, es una bebida que marida con absolutamente todo.

Cuando terminamos de comer ya quedaban muy pocos clientes en el restaurante. El tiempo se había ido volando mientras disfrutábamos de unas tostas de chicharrones espectaculares, de unas zamburiñas a la plancha y una excelente carne a la piedra, que había sido el objetivo central de la visita. Dado que estaba en la carta y es una de las joyas en Galicia, no pude resistirme a la tentación de culminar aquella comida con un flan de café y rematarlo con un café cortado sin azúcar, como venía siendo mi costumbre. Mi hijo Pablo lo sustituyó por un café con leche, hielo y un chupito de crema, mezclando una especie de cóctel de fin de fiesta gastronómica con gran parafernalia y contundencia.

Cuando salimos del restaurante, Concha y Moncho nos propusieron ir con ellos, en su coche y que mi hijo Pablo volviese conduciendo nuestro automóvil. Sin embargo, tanto a Silvia como a mí nos preocupaba el hecho de que, a pesar de que Pablo había bebido poco, cualquier incidente (aunque no fuera culpa suya) podría ponerle en una situación legal comprometida.

Es curioso cómo algunas decisiones pueden cambiar el destino de nuestras vidas. Pero desgraciadamente no podemos saber ni cuáles son esas decisiones ni qué opción es la más correcta. Así que, dado que yo no había bebido alcohol, era más seguro que fuera yo el conductor en el trayecto de regreso a Louro.

Llevábamos unos diez minutos de trayecto cuando vi que Silvia, en el asiento del acompañante, y Pablo, justo detrás de ella, viajaban plácidamente dormidos, culminando una buena comida con una mejor siesta. El coche invita a ello cuando la conducción es suave y sin ruidos. Por eso, decidí que disfrutasen al máximo del descanso, conduciendo con extremo cuidado, a baja velocidad, sin cambios bruscos de dirección, con las ventanillas subidas y minimizando cualquier elemento que pudiera perjudicar su descanso. No puse ningún tipo de música, para que el rumor del motor hiciese aún más confortable la siesta.

Pasamos la rotonda de Pino do Val, casi a mitad de camino, y lo hice con la máxima suavidad posible. Reduje tanto la velocidad que, a pesar de que Concha conduce siempre con mucha precaución, su coche ya se había adelantado y perdimos el contacto visual con ellos. Fue entonces cuando enfilamos las rectas en dirección a Fírvado.

Era una tarde primaveral muy despejada y calma. El sol avanzaba hacia el oeste, ofreciéndonos un agradable calor y una cegadora luz que incidía, todavía bastante vertical, pero fundamentalmente de frente.

La carretera era monótona, anodina. Conducía plácidamente, feliz por la comida y por ver también disfrutando apaciblemente de la siesta a mi mujer y mi hijo.

No me di cuenta de que estaba siendo víctima del sueño: a pesar de mi experiencia, no fui capaz de advertir ese peligro. Y esa fue la clave de la desgracia, porque en otras ocasiones en las que tuve sueño conduciendo siempre puse un remedio rápido: bajando la ventanilla, hablando con los ocupantes, advirtiendo de que tengo somnolencia o finalmente parando el vehículo. Pero en esta ocasión no fui consciente de ello, ni tampoco Silvia o Pablo pudieron advertirlo, porque estaban ya dormidos.

Y así, sin solución de continuidad, desperté con el repentino sonido y las vibraciones del coche rodando por la cuneta. Y ahora mi mente regresaba a la unidad de críticos, con un panorama bastante desolador. De repente, la vida había entrado en una nueva dimensión.

Estaba claro que, además del reto de la recuperación física, mentalmente aquel episodio y todo lo que se nos acababa de poner por delante, iba a ser muy exigente. Pero yo era y soy una persona creyente y positiva: aquello no podía haber sido una mera casualidad… o sí (razonamiento gallego y, en todo caso, conjetura sujeta a la fe de cada uno).

Pero no me cabía ninguna duda de que todo aquello, dentro de la desgracia que había supuesto, podría tener más impactos positivos que negativos en nuestra vida. Desde luego, era algo que iba a darnos una nueva perspectiva bajo la que enfocar los problemas cotidianos de nuestras vidas y otras cosas a las que yo estaba dando importancia hasta entonces.

Pensar en que yo era el responsable de aquella situación familiar, con toda la incertidumbre que aparecía ahora en el horizonte, me podría arrastrar por una espiral negativa que no iba a traer nada bueno, ni a mí, ni a los que me rodeaban. Por otro lado, si quería ayudar, el momento en el que más se me necesitaba era ese, así que había que ser positivo, valorar lo que teníamos y reemprender la recuperación lo antes posible.

En un viaje que hicimos en enero del año dos mil veinte a Noruega, quisimos dar un paseo con trineos tirados por perros. Aunque actualmente se considera un deporte, el *mushing* ha sido una forma de transporte nórdica, que servía para desplazarse rápidamente por superficies nevadas.

Conversando con el *musher*, nos contaba lo duras que eran las competiciones de trineos de perros. Se recorrían distancias de más de mil kilómetros, en interminables jornadas de más de doscientos kilómetros diarios. Todo ello en condiciones climatológicas extremas. En estas circunstancias, el estado de ánimo del líder (el conductor del trineo) es un factor clave para la actitud de los perros. Así, aunque todo vaya mal, crezcan los problemas y las dificultades y la situación pinte fatal, el *musher* se convierte en un actor, ocultando sus sentimientos e interpretando el papel de que todo va bien, transmitiendo euforia, energía y positividad, para que los perros se encuentren mejor, más seguros y den lo mejor de sí.

Esta lección de responsabilidad del *musher* es algo que me ha hecho pensar muchas veces qué diferente es tomar una actitud positiva de otra negativa cuando tienes personas alrededor en las que está influyendo tu manera de actuar.

Dado que es inevitable influenciar y ser influenciado por los que nos rodean, esta puede ser una buena receta que me aplico desde entonces. No estás bien, no te apetece... pero haces un poco de teatro y todo empieza a mejorar, incluyéndote a ti. Así que estaba dispuesto a enterrar todos los sentimientos negativos y poner todo de mi parte para ponérselo un poco más fácil a los que me rodeaban.

Poco a poco nos iban dando la información de los diagnósticos, a medida que se iban completando pruebas y análisis. Según los informes, ya a las 18:15 estaban listos los resultados de los primeros análisis de sangre y a las 18:36 las pruebas de imagen (TAC). Pocas horas después me iban confirmando el diagnóstico: fractura de cuerpo vertebral de L4 con desplazamiento del muro posterior de unos 2,5 milímetros, fractura de apófisis transversas L4, L3, L2, L1 bilaterales, fractura del tercio medio del esternón y del apéndice xifoides... había alguna fisura en las costillas también. Pero la buena noticia eran que parecía que no había lesiones debajo del esternón.

Curiosamente, a pesar de todas las fracturas, lo que más me molestaba en ese momento era el glúteo y la pierna izquierda. Ahora sé que es por la fractura de la vértebra, pero entonces era el dolor de mayor intensidad, que eclipsaba el hecho de que mi esternón estuviera partido en dos. Me dolía también, muchísimo, el talón derecho, pero los médicos ignoraron ese aspecto porque les parecía una cuestión menor en ese momento, ante la gravedad de otras lesiones.

El diagnóstico de Pablo resultaba más preocupante: fractura de odontoides, en la vértebra cervical C2, con desplazamiento. Las fracturas que afectan a la parte superior de la columna cervical son las más peligrosas porque una lesión de la médula espinal o de los nervios a este nivel puede provocar la muerte instantánea. Es muy difícil hacerse a la idea del riesgo que estaba corriendo Pablo y el que había corrido cuando le bajaron del coche y se quedó sentado. A juzgar por los moratones que cubrieron su cuerpo durante semanas, seguramente Pablo tenía muchas más lesiones, pero evidentemente todo quedaba eclipsado por su lesión en la cervical. Era una mezcla de sentimientos muy complicada, porque exteriormente parecía que era el que mejor estaba, pero al mismo tiempo, él tenía la lesión más grave.

Contrariamente a lo que habíamos pensado hasta ese momento, el diagnóstico de Silvia era bastante preocupante también: fractura (estallido) de L1, fractura de la clavícula derecha, fracturas de manubrio y cuerpo del esternón, contusión pulmonar… Todo ello se unía ya a los problemas neurológicos que Silvia arrastraba entre sus vértebras L4 y L5, lo que hacía comprensible su estado tan delicado en aquellos momentos.

Y así se fue echando la noche encima y decidieron que mi estado era suficientemente estable como para subir a planta.

8. Miércoles, víspera de vacaciones

Perdí la noción del tiempo durante las siguientes horas en la unidad de críticos, pero debía ser ya madrugada, quizá la una o las dos, cuando me subieron a la planta de traumatología. Durante el traslado, otra vez reviví la experiencia de ver pasar los techos del hospital, esta vez con bastante menos luz, pues la iluminación se reducía para facilitar el descanso nocturno de los pacientes. Esperamos unos instantes en el pasillo y me instalaron en una habitación de dos camas, en el hueco más próximo al armario y a la puerta. En la misma habitación dormía ya un señor de unos setenta años, con la asistencia y compañía de su hijo, de unos treinta y tantos.

La pulquérrima habitación del hospital contenía muy pocas cosas, pero justo las que son necesarias para recuperarse: una conexión para el oxígeno, a la que fui enchufado de inmediato, una pequeña mesilla, un soporte para los recipientes de suero y medicamentos (que introducían ya por las vías que tenía en los brazos), y poco más. Instalaron un cartel en la cabecera de la cama, con el texto «MOVILIZAR EN BLOQUE».

Este cartel advertía de que el estado de mis huesos era como el de un jarrón chino hecho añicos. Un jarrón que iba a necesitar una buena técnica de *Kintsugi*, si es que ésta se aplica a cerámica china o, más complicado todavía, a mis huesos.

El personal sanitario dejó un pulsador al alcance de mi mano por si necesitaba algo durante la noche. En esos momentos, yo era prácticamente un cadáver, en lo que a movilidad se refiere y, de hecho, aquel pulsador, apenas a veinte centímetros de mi mano, era posiblemente lo más lejos que podía llegar.

Así empecé mi rutina en la planta del hospital: mantenía mi cuerpo encadenado a varios tubillos de plástico, incluyendo la sonda vesical. El silencio, o más bien el rumor del borbotear del oxígeno, que resulta un sonido bastante tranquilizador, era constantemente roto por los ronquidos de mi compañero de habitación, y por alguna frase muy tenue del hijo, apenas entendible, que era contestada entre sueños, con sonidos incongruentes del padre.

Esa noche apenas pude dormir, aunque me habían ofrecido alguna droga para ello, pero la rechacé porque no contaba con los rugidos del compañero. Mi estado físico era deplorable, pero mi mente se encontraba lo suficientemente cansada como para pensar que podría conciliar el sueño, aunque fuera a ratos sueltos. Empecé a familiarizarme con los sonidos del borboteo del oxígeno y me tranquilizó pensar que Silvia y Pablo estaban bien atendidos y que habíamos dado un primer paso hacia la recuperación.

Aún no había amanecido cuando pasó la enfermera a administrarme un analgésico por una de las dos vías intravenosas que tenía puestas. Seguía con suero por la otra vía, por lo que ese día no tuve desayuno, que se repartió pasadas las ocho, ya de día.

Esa mañana fue mi primer baño en la camilla. Una experiencia en la que cualquier remanente de dignidad que me hubiera quedado, se disolvió con la poca suciedad que pudiera tener mi cuerpo.

Todo empezó cuando se acercaron dos auxiliares de enfermería armadas con palangana, esponja, toallas y las peores intenciones y amenazaron con que era la hora del aseo. La más experta y grande de las dos se acercó con la jofaina terciada de agua tibia y una esponja grande. Retiró el camisón del hospital (apenas un paño en el que se meten las mangas, dejando al aire la parte de atrás, y que era lo único que cubría mi desaventurado cuerpo en esos momentos).

Todavía encima de la cama y aprovechando que su colchón (un bloque de espuma) está forrado con un plástico impermeable, empaparon la esponja en el agua de la palangana y la lanzaron contra mi abdomen. Sentí el contraste entre el frío que me recorría todo el cuerpo y el calor húmedo del agua templada en mi abdomen. Después, la auxiliar realizó una serie de movimientos enérgicos y rápidos, cosa perdonable pues no hay tiempo para detenerse mucho cuando hay una planta repleta de enfermos que esperan para pasar por la esponja.

Desde ya digo que no es agradable un baño en esas condiciones. Mi cuerpo tiritaba como no lo había hecho antes. Y no era solo frío, supongo que era el propio dolor, la indefensión y el miedo a que me doliese aún más. Hasta ese momento, yo desconocía que una persona podía temblar con tanta intensidad.

La esponja, guiada por la mano enérgica de la auxiliar, recorría violentamente los muslos, el abdomen y el torso, sin reparar demasiado en el estado en general de mi cuerpo. La sonda que salía de mi pene aguantó bien los vaivenes de aquel utensilio de baño empapado, que transitaba violentamente y sin miramiento alguno, por absolutamente todo el cuerpo. Después, a secar con unas toallas, cambiar las sábanas y ahí quedaba ya un enfermo aseado y limpio, listo para las visitas.

Sin ninguna duda, lo más reconfortante de la experiencia del baño fue ver salir a las auxiliares de la habitación en busca de su siguiente víctima.

Poco después, pasó un médico joven, aparentemente no habría cumplido los treinta años. Era ya Miércoles Santo y se venían cuatro días de vacaciones, en las que la mayoría de los facultativos aprovecharían para tomarse un merecido descanso lejos del hospital. Así que, podemos decir que no llegamos allí en el mejor momento. El galeno me repasó el diagnóstico y me prescribió un corsé «tipo *knight*» para poder levantarme de la cama. Las instrucciones hasta entonces eran sencillas: mantenerse prácticamente horizontal, incorporarse un máximo de treinta grados y mantener los analgésicos y el suero por las vías intravenosas. Quedaba pendiente el hacerme una radiografía en bipedestación para investigar un poco más el intensísimo dolor que me martirizaba en la parte inferior de la espalda. No era precisamente en la zona de las vértebras lumbares, sino unos centímetros más a la izquierda. Ese punto era precisamente donde había sentido el "fuego" en los instantes después del accidente. Pero para hacerme la radiografía tenía que ser capaz de mantenerme de pie al menos dos minutos, sin ayuda, y eso parecía por el momento un hito muy lejano.

Así, tener un corsé y poder incorporarme eran ahora mis prioridades. Pero un Miércoles Santo, con los comercios a punto de cerrar, con cuatro días festivos por delante y sin nadie que me hiciese la gestión, todo parecía indicar que no iba a ser posible levantarse de la cama hasta que llegase el lunes siguiente.

El hijo de mi compañero de habitación había ido a una ortopedia por una órtesis para su padre quien, por lo que pude ir deduciendo, tenía una lesión en las cervicales por una caída mientras paseaba. Me parecía un abuso pedirle que gestionase mi corsé, máxime porque en ningún momento se acercó a preguntarme si necesitaba algo…, pero cuando regresó con el artilugio ortopédico para su padre, sucedió algo que facilitaría mucho las cosas.

Los auxiliares que nos atendían no sabían cómo instalar aquello, que resultaba mucho más complejo que un simple collarín. Mientras hacían varios intentos por acoplárselo, en vano, las enfermeras protestaban y recalcaban que era la ortopedia la responsable de colocarlo y de enseñarle al paciente a quitarlo y ponerlo. Parecía un argumento un poco despiadado, máxime porque tanto el padre como el hijo estaban ansiosos de regresar a casa y no podrían abandonar el hospital sin la órtesis bien colocada. Pero, al fin y al cabo, aquello traería una solución a mis problemas porque, si yo no podía ir a la ortopedia, la ortopedia iba a ser quien viniese a mi habitación del hospital.

El hijo llamó por teléfono al establecimiento e insistió sobre la imperiosa necesidad de que se acercase alguien al hospital esa misma mañana, dado que su padre estaba esperando para irse cuanto antes. La realidad es que el compañero de habitación ya se había hecho a la idea del alta médica. Era un ahora o nunca pues, ante los cuatro días de vacaciones que había por delante, no quería ni plantearse la posibilidad de prolongar su ingreso hasta el lunes siguiente. Así que, sin esperar al alta, ya se había vestido y esperaba impaciente que se resolviese el problema con el artilugio que le habían prescrito.

Poco antes de la una de la tarde llegó, quejándose amargamente, el empleado de la ortopedia. Recalcó, mientras les enseñaba a colocar la órtesis, que él no era el dueño, que tenía que estar ya de vacaciones a esas horas y que se había acercado al hospital por hacer un favor al paciente, pero que no tendría que estar trabajando. Insistía mucho, a la vez que era evidente su estrés. En fin, yo personalmente pensé que aquel empleado de la ortopedia no estaba en la mejor disposición para solicitarle un corsé… ¡Y menos para ese mismo día!

Muchas veces nos encontramos personas muy cordiales, pero que son expertas en esquivar las responsabilidades y, sobre todo, el trabajo. Sé por experiencia propia que el peor compañero de viaje que puedes encontrar en tu vida profesional suele ser aquel que gasta todas sus energías en "el trato", porque va a generarte problemas y traerte trabajo extra para resolverlos.

Siempre he preferido a aquellos que protestan, mientras lo hacen, o incluso que se quejan después de hacer las cosas. Las protestas y las quejas de estas personas suelen ser justificadas y razonables: el perfil, por lo general, de estas personas es de profesionales que asumen la responsabilidad por encima de lo que les corresponde, más allá de su salario o de su contrato.

Ojalá estemos rodeados de colegas que protestan mientras hacen, y no de aquellos que durante años han desarrollado habilidades y competencias en profesiones tan próximas como "escurrir el bulto", "hacerse el longuis", "hacerse el sueco", o "hacerse el loco".

Si el empleado de la ortopedia hubiera sido una persona cordial, pero de los que "no hacen", me habría explicado de muy buenas maneras que, desgraciadamente, la ortopedia ya estaba cerrada y que hasta el lunes su jefe no abriría, por lo que yo tendría que esperar hasta entonces para poder hacer el pedido. Por fortuna esto no fue así.

En fin, que Alex, que así se llamaba el técnico de la ortopedia, atendió a mi débil voz, entrecortada entonces por el poco aire que podía almacenar detrás de mi esternón roto y escuchó mi petición: le solicité si podía trasladar a alguien mi prescripción para que pudieran hacerme con un corsé y así incorporarme de la cama antes del lunes. Y Alex decidió que comería un bocadillo, pero que volvería con el corsé más tarde. Y con este gesto yo podría adelantar mi incorporación (y supuse entonces que mi recuperación) unos días.

Ojalá contáramos con más personas como él en nuestra sociedad y en nuestras vidas. Habría sido tan fácil para él eludir esa responsabilidad... un primer día de vacaciones y ya fuera de horas de trabajo.

Por fin, pudieron marcharse a casa mi compañero de habitación y su hijo. Después de mi primera mañana en planta, la tranquilidad de una habitación para mí solo, el efecto del calmante que me habían administrado y el murmullo del borbotear del oxígeno, compusieron las condiciones ideales para que me venciese de nuevo el sueño.

Estaba muy cansado, porque la noche no había sido muy reparadora por culpa de las ocho horas del *concerto per russare e figlio* al que había asistido y, además, el dolor quería darme un descanso. Así que, apenas cerré los ojos me quedé dormido.

Al despertar, vi a Dini, la hermana de Concha, sentada en la silla, al lado de la cama. Me miró con compasión, porque mi aspecto aún era bastante deplorable en aquellos momentos.

—Estás muy cansado —me dijo. No había querido despertarme.

Me resultó inmensamente reconfortante verme acompañado por primera vez desde que entré en el hospital, y me sentí agradecido por dentro de tener entonces alguien a mi lado.

Traían mi primera comida: un consomé con una pajita. Dini la calificó como "un agua". Si mi organismo aceptaba aquel caldo, podrían retirarme la vía del suero y alimentarme poco a poco con más normalidad.

Por entonces, Dini ya había pasado por la unidad de reanimación, donde habían trasladado a Silvia y a Pablo. El horario de visitas era de tres a cuatro y media de la tarde, pero le había contado al personal sanitario la situación en la que estábamos, los tres ingresados y sin familia en Galicia, por lo que nos estaban atendiendo ellos. El caso es que Dini consiguió colarse en la unidad de reanimación fuera de horario y después me vino a ver y me trasladó alguna noticia de primera mano. Todo parecía ir sin más complicaciones que las que teníamos el día del accidente.

Se marchó Dini a comer, prometiendo que volvería más tarde. Apenas salió Dini de la habitación, regresó Alex con el esperado corsé y me mostró cómo se ponía. Lo más importante era saber cuál era la parte superior y cual la inferior. No me pareció muy complicado y máxime porque todo consistía en mantener en la parte izquierda algo que, para mi desgracia, no conseguí recordar nunca más. Sobra decir que durante los próximos días tuve siempre la duda sobre la posición correcta del corsé, por no prestar suficiente atención en aquel momento.

Más tarde, ya con el corsé puesto, tuvo lugar mi primer intento de bipedestación. De conseguirlo, me permitiría desengancharme de la sonda vesical y hacer la radiografía que faltaba para completar el diagnóstico. Sin embargo, levantarse del lecho era un ejercicio de dolor casi infinito. Mi movilidad era prácticamente nula: si alguien pretendía acercar las piernas al borde de la cama, para que fueran descolgando, ello me producía una tensión atroz en las lumbares, que no podía soportar. Intentar incorporar mi tórax era también horrible y cualquier mínima presión, incluso el movimiento de un brazo, se traducía en un dolor insoportable, el de un pecho que se abría sin la capacidad del esternón de mantenerlo solidario.

Así que aquel no parecía el mejor momento para probarlo, pero a la auxiliar que aparentemente tenía más experiencia, más tamaño y más fuerza, se le había metido la idea en la cabeza y solo podía poner todo de mi parte para intentarlo. Tiraron de mis brazos poco a poco y les persuadí de que me dejasen intentarlo con mis propias fuerzas, controlando yo así el dolor. Poco a poco me sentaron en el borde de la cama. Pero cuando intenté incorporarme con la ayuda de ambas, sentí un chispazo de dolor de una intensidad infinita en la parte izquierda de la zona lumbar, que fue acompañado por un grito incontrolado. Una de ellas bromeó:

— ¡Que me asustas a la parroquia! —dijo.

Me preguntaron, qué valor le daría a ese dolor en una escala de cero a diez.

—Diez, siendo ocho el equivalente a una patada en los huevos de las que te corta la respiración —contesté sin dudarlo.

La verdad era que no había sentido antes un dolor de esa intensidad; fue mayor, incluso, que en cualquier momento del accidente. Sea como fuere, los tres comprendimos que era imposible levantarme aún y que la radiografía tendría que esperar, pero ya que estábamos así, me sentaron un rato en la silla.

Sobre las dos de la tarde llegó mi hermana Marigel y mi cuñado Alberto. Dado que vivían en Ponferrada, que era una localidad a unas dos horas y media del hospital, ambos habían sido comisionados por la familia para ser los primeros en visitarnos. El día anterior, apenas un par de horas después del accidente, el periódico *La Voz de Galicia*, en su medio digital había publicado la noticia «Heridos tres miembros de una familia de Valladolid en un grave accidente en Mazaricos». Esta noticia, en la que se destacaba que los tres ocupantes del vehículo habían sido «trasladados al Hospital Clínico de Santiago, uno de ellos en helicóptero», mencionaba una aparatosa colisión de una familia de Valladolid, que se disponía a disfrutar de las vacaciones de Semana Santa en Louro y ya había circulado entre mis hermanos el día anterior. Coincidían demasiados datos para tener alguna duda de que la noticia se refería a nosotros. Así que, aunque ante mi madre le había quitado importancia al accidente, mis hermanos, al menos, estaban al corriente de la gravedad.

La mezcla de estupor y preocupación de las primeras miradas de familiares y seres queridos, cuando contemplan el deplorable estado de un accidentado, es una de las reacciones que uno no está acostumbrado a ver en primera persona. Si no fuera por el dolor y el malestar que te asaltan en aquellos momentos, incluso resultaría gracioso guardar las caras de las primeras impresiones de los familiares y amigos al verte hecho trizas. Por aquel entonces, mi brazo izquierdo estaba lleno de moratones, algún rasguño bajaba hasta la misma mano. La vía no tenía buen aspecto, tampoco. Mi cara marcaba una línea de hematoma producida por el puente de las gafas, que se rompieron en el accidente, y alguna herida menor en la frente. Pero lo más llamativo, por entonces, era mi dificultad para hablar, debido a la fractura del esternón, que me impedía mantener el suficiente aire en los pulmones para mantener una locución normal.

Tener a alguien alrededor cuando estás convaleciente y eres una persona totalmente dependiente, cambia definitivamente tu calidad de vida. Mi hermana, preocupada y deseosa de hacer cosas que mejorasen mi estado, accedió encantada a conseguirme unas zapatillas en un quiosco que había en la entrada del hospital y que tenía prácticamente todo lo que un ingresado pueda necesitar. Las zapatillas eran un elemento esencial para poder desplazarme una vez que pudiera incorporarme y así poder alcanzar el baño, para ser liberado de la sonda vesical. También le pedí que me subiera un cepillo de dientes y pasta dentífrica, elementos de una higiene cotidiana que nos dan un bienestar que no sabemos apreciar hasta que no podemos contar con ellos. Por el momento, no necesitaba mucho más.

Mientras tanto, pasó Dani, el hijo de Concha (acompañado de Yoli, su novia) quien me entregó mi teléfono móvil, que había sido recogido por sus padres en el momento del accidente. También me trajo un indispensable cargador. Aquello me permitía, por fin, conectarme al mundo.

Aún tenía dolores en prácticamente todo el cuerpo, particularmente en la columna, que me mantenía forzosamente inmóvil de torso para abajo. Pero lo que más me molestaba en aquellos instantes era la fractura del esternón, ahora formado por dos piezas independientes, que se separaban crepitando al menor movimiento, con un chasquido y una sensación muy desagradables.

El crujir de mis dos partes del esternón me resultaba algo tan repulsivo que prefería mantener también inmóvil el torso. Directamente derivada de la fractura del esternón, me molestaba la incapacidad de mover los brazos para realizar tareas tan elementales como servirme un vaso de agua con la jarra, cuyo peso aún no podía sostener.

Resultaba una original manera de rememorar el inicio de la Semana de Pasión. De hecho, aquello estaba ya siendo una semana apasionante que, si no viene a ser lo mismo, puede establecer bastantes paralelismos.

9. BlaBlaCar

Aquel miércoles, María se despertó aún cansada, con ganas de terminar por fin el trabajo y disfrutar de unos días de descanso con su gatita, recién adoptada, Piña.

Había elegido el gato antes de encontrarse con él, gracias a un vídeo que había recibido de un grupo de gatos de una colonia callejera. La decisión familiar era que se llamase *Igor* (pronunciándose "aigor") en memoria del personaje de Marty Feldman en la película de Mel Brooks, *El jovencito Frankenstein* (*The Young Frankenstein*). Esta era una de las películas preferidas de tío Pablo, quien se había ofrecido de muy buena gana a recoger el gato a la asociación protectora. Cuando le comunicaron que se trataba de una gatita hembra, hubo que improvisar un nombre apropiado en apenas horas.

María trabajaba en una clínica veterinaria de la calle Benito Gutiérrez, en Madrid, en la misma calle en la que compartía piso con otras dos compañeras con las que había coincidido en el Colegio Mayor San Agustín cursando los primeros años en la Universidad Complutense. Había planeado unas vacaciones muy especiales, del once al veintiuno de mayo, acompañando a sus padres a un viaje a Chile. Reservar los contados días de vacaciones para ese proyecto tan interesante era una de las razones por las que no había acompañado a su hermano y a sus padres los tres días previos a la Semana Santa. La otra razón es que se había incorporado recientemente a la clínica y aquellos días ya estaban reservados para el descanso de su jefe, Pablo.

El plan de María era, por tanto, viajar el Jueves Santo a Santiago de Compostela. Pero aquella mañana de Miércoles Santo se despertó con un mensaje de su tía Nuria en el teléfono:

— Avísame cuando despiertes, que te tengo que comentar una cosa.

Pensó que sería alguna consulta sobre el perro o alguna de las mascotas que convivían con Nuria, Alex y su hija, Sofía. María le contestó:

— Ya me he levantado, llámame cuando quieras.

Fue entonces cuando Nuria le explicó que su familia había tenido un accidente. Le dijo, en vano, que no se preocupase, que estaban bien. Sin embargo, el resto de la información parecía contradecir el reclamo de tranquilidad: estaban ingresados en el hospital de Santiago de Compostela los tres, Pablo y su madre en la unidad de reanimación.

— Pero, ¿qué ha pasado? —preguntó María alarmada, con una voz nerviosa.

No podía ocultar el impacto que había supuesto recibir la noticia y parecía evidente que empezaba a ser víctima de un ataque de ansiedad. Mientras, Nuria intentaba poner en perspectiva los hechos y referirse al estado, que iba mejorando, de los tres. Pablo había sufrido una pequeña lesión en las cervicales, pero le habían estado haciendo pruebas y no tenía problemas de movilidad en las extremidades, así que todo estaba bien. A su padre le habían trasladado al hospital en helicóptero, pero parece que solo tenía un politraumatismo, nada grave. Le ocultaron que su madre había estado inconsciente bastante tiempo, pero sí mencionaron que tenía también un politraumatismo.

Todo aquello era una carga de información suficiente para sumir a una persona en un estado de conmoción y es precisamente lo que le ocurrió a María. A ello se sumaba la angustia de estar a tanta distancia.

Tan pronto como colgó el teléfono, llamó a su jefe, que tenía el teléfono apagado porque estaba de vacaciones. Decidió, entonces, llamar a otro compañero en la clínica, Javi, a quien le contó todo lo sucedido. Curiosamente, sus dos compañeros compartían nombre con su hermano y su padre, pero al fin y al cabo son nombres bastante frecuentes:

— No te preocupes, María. Estate tranquila. Lo primero es lo primero. Intenta arreglar tu viaje a Santiago, que ya nos iremos arreglando aquí — le contestó Javi, que intentaba calmar la visible angustia de María.

El miércoles era un día previsiblemente complicado en la clínica: las vísperas de vacaciones, muchos propietarios deciden llevar sus mascotas ante cualquier duda de que recaigan en los días en los que el consultorio va a estar cerrado. Pero allí, los tres veterinarios y otros tantos auxiliares trabajan como un equipo, con un ambiente excepcional y esta era una situación en la que no había lugar a dudas que todos estarían apoyándose.

María dio algo de comer a Piña, que reclamaba desde hacía ya un rato su desayuno. Ella, sin embargo, no quiso entretenerse con eso. Tampoco tenía hambre, sino un terrible nudo en el estómago. Empezó a buscar cómo ir lo más rápidamente posible a Santiago. Pero aquello resultaba un reto muy difícil el día en el que media España salía de vacaciones de Semana Santa. Encontrar un asiento en alguno de los trenes que cubrían la línea de Madrid a Santiago de Compostela en ese día era una quimera. Tampoco había un solo asiento en los vuelos que conectaban ambas ciudades.

No importaba el precio. Estaba dispuesta a pagar lo que fuera necesario, pero no había nada disponible. Buscó también en la plataforma de viajes compartidos *BlaBlaCar*, pero no encontraba alguna opción viable para ese mismo día. Era una sensación de impotencia desbordante. ¿Qué había pasado? ¿Cómo estaban realmente? ¿Había dicho tía Nuria que estaban en la unidad de reanimación? Sonaba terrible. ¿Qué pasaría ahora? Ella era la única que se había salvado del accidente… podría fácilmente haber estado ahora ingresada también. Necesitaba, cuanto antes, estar con sus padres y su hermano. Quería irse.

Se planteó la posibilidad de alquilar un coche, pero era consciente de que no podía conducir en esas circunstancias, máxime una distancia tan grande, que podrían ser más de seis horas de carretera.

Todo era aún más complicado porque Piña tenía que viajar con ella: sus dos compañeras de piso no estaban esos días de vacaciones y, además, no tenía ni idea de cuántos días tendría que pasar en Galicia. Pensó entonces en las posibilidades de la red social *BlaBlacar*, que conecta conductores con pasajeros para viajar juntos. Era algo que a sus padres no les gustaba mucho, pero ahora parecía la única alternativa. Reservó y canceló varios viajes, a medida que iba encontrando algunas opciones más convenientes o le negaban la posibilidad de viajar con un gato. Después de un buen rato, pudo encontrar al fin una opción para salir desde Las Rozas a las cuatro de la tarde.

De forma accidentada e intentando superar el nerviosismo y la angustia de la incertidumbre y la distancia, dejó todo listo para el viaje. Pasó el resto de la mañana intentando recabar más información, hablando con los amigos de Louro: con Concha, que había estado comiendo con sus padres momentos antes del accidente y les había socorrido, con Dini... Llegar a Santiago cuanto antes era solo el primer reto, pues viajaba con Piña, que no podía entrar al hospital. Por otro lado, tendría luego que viajar a Louro y las conexiones desde Santiago son prácticamente imposibles a esas horas.

Dini y Concha tranquilizaron a María. Dini iría a Santiago y podrían dejar la gata en el coche mientras María hacía la visita al hospital y después, las llevarían a Louro a las dos, para que descansasen. En Louro, María contaba con el coche de Pablo para desplazarse al hospital en los días siguientes, y también podría contar con Dini o Concha para ir.

A las tres y media de la tarde, María pidió un taxi y se trasladó a Las Rozas con Piña y el equipaje para esos días. Aproximadamente cinco horas y media después, estaban entrando en Santiago de Compostela.

Las visitas a la unidad de reanimación se autorizaban solo de 21:00 a 21:30, con lo que María llegaba al hospital muy justa de tiempo. Ya entrando en Santiago, intercambió los últimos mensajes con su tía Nuria y con Dini, para coordinar su llegada. Nuria había viajado desde Torrelavega y había estado ya en la unidad de reanimación y en la planta de traumatología, así que le adelantó unas primeras fotos de Pablo y de su padre. Fueron imágenes muy tranquilizadoras.

— Qué lindo —comentó María.

Llegó directamente a la unidad de reanimación, ya finalizado el horario de visitas, pero su tía Nuria había hablado con el personal sanitario y estaban esperándola para hacer una excepción.

La tranquilizó ver a su madre y a su hermano estables y con buen ánimo. No pudo estar mucho tiempo allí, pero fue el suficiente para respirar, por primera vez, con cierta tranquilidad después de un día tan complicado. Su madre y su hermano estaban en dos camitas contiguas, ambos con vías intravenosas, algunas pegatinas y cables para la monitorización y oxígeno. Pablo lucía un collarín de inmovilización muy aparatoso, de los que se denominan *Philadelphia*, fabricados en un material rígido. A pesar de lo incómodo que parecía aquel molde termoplástico, Pablo parecía más animado, mientras que su madre permanecía bastante inmóvil.

No pudo estar mucho tiempo, pero fue el suficiente para intercambiar algunas frases y mucho cariño con ambos, revisando con ojo médico todos los indicios de su estado, pero reconfortada por estar allí, por fin.

Desde ahí, subió a la planta cuarta y encontró a su padre bastante animado, aunque no tenía mucho mejor aspecto que el resto de su familia. Junto con los tubos de oxígeno, se dibujaban en su cara pequeños rasguños. La bata del hospital dejaba ver un hematoma que trazaba la posición en oblicuo del cinturón de seguridad, desde su clavícula izquierda. El aspecto del brazo izquierdo era bastante deplorable, pero se trataba solo de moratones y rasguños. Reparó en que uno de ellos tenía forma de corazón.

10. Últimas horas separados

Volviendo a la mañana de aquel mismo miércoles, todavía muy temprano, Dini había salido de Louro con dirección al hospital de Santiago, en donde tenía citas para un par de consultas médicas. Ya un poco antes del mediodía, había conseguido colarse en la unidad de reanimación (fuera de del horario de visitas) y subir a verme y presenciar mi primer menú. Aun así, iba a alargar su jornada hasta casi la media noche: había acordado con María que la esperaría, para llevarla a Louro cuando llegase de Madrid. Dini y su familia eran, además, quienes acogerían a Taika esos días.

Dini, Concha, Moncho y sus hijos eran lo más parecido a una familia que teníamos en Louro. De hecho, podríamos decir que eran nuestra familia allí, y ellos así nos veían a nosotros también. De hecho, manteníamos unos lazos más estrechos que con algunos de nuestros familiares. La relación con nuestros amigos se había cimentado durante los más de veinte veranos que llevábamos yendo a Louro, desde que María apenas tenía dos años. María Candamo y Nuria Senande eran las hijas de Dini y de Concha, de edades muy parecidas a las de María "de Valladolid". Así nos conocían coloquialmente en la aldea. Pablo también tenía una buena amistad con Dani, el hijo de Concha y

Moncho. Esto le había permitido tener siempre una excelente acogida, tanto por los grupos de jóvenes de la aldea como por los grupos de turistas, entre los que nos alojábamos entonces en los apartamentos de la Playa de San Francisco. De hecho, la razón por la que entablamos contacto con Dini y Concha fue porque nos alojamos siempre en uno de los apartamentos de Juana "de Taxes", la madre de ambas.

Dado que Silvia era de Torrelavega, parecería lo más lógico que nuestras vacaciones de verano hubieran transcurrido habitualmente en Cantabria. Nuestra boda fue, de hecho, en Santander, en la Iglesia de San Roque del Sardinero (el día que empezaron los Juegos Olímpicos de Barcelona, el veintiséis de julio de mil novecientos noventa y dos). Los primeros años, sin embargo, ambos estábamos centrados en nuestra incipiente carrera investigadora, por lo que apenas tuvimos vacaciones. El verano del año mil novecientos noventa y cuatro lo pasamos en la Universidad de Tucson (Arizona). Justo antes de emprender el viaje, cuando Silvia se despedía de su familia en Torrelavega, se hizo una prueba de embarazo. Desde allí, me llamó emocionada al trabajo para compartir la maravillosa noticia de que venía en camino nuestro primer hijo, Pablo. Fue, quizá, uno de los mejores momentos de nuestra vida.

Los siguientes fueron años de mucho trabajo, con la tesis doctoral de Silvia, nuestros primeros años de investigadores y varias estancias en la Universidad de Bradford (Reino Unido), en el campus de Pullman, de la Universidad de Washington (Estados Unidos) y por supuesto, la preparación de las diferentes oposiciones en las que Silvia y yo participamos durante aquellos años.

Además de los primeros pasos en nuestra carrera profesional, esos años estuvieron marcados por la necesidad de ahorrar para pagar nuestro piso en la calle Hernando de Acuña, de Valladolid. Cuando nos casamos, Silvia aún era becaria y yo acababa de estrenar un primer contrato como investigador eventual: nuestra situación estaba lejos de la estabilidad, así que ahorrar era lo que tocaba. Recuerdo que durante varios meses en nuestro nuevo piso no teníamos sofá y veíamos una tele vieja que nos habían regalado mis padres (por reposición) en un edredón extendido en el suelo.

No fue hasta el año dos mil uno cuando nos decidimos tomar quince días de vacaciones. Entonces, nuestro director de Tesis, Francisco Sobrón (Paco), nos dio el contacto de una señora que les había alquilado una casa en Taxes, en un sitio que era apartado y muy bonito. Se trataba del teléfono de Juana "de Taxes", la madre de Concha y Dini.

Ese año nos dimos cuenta de dos cosas que marcarían el resto de nuestros veranos: La primera fue que Louro era un sitio fantástico para veranear en familia, y la segunda que quince días eran muy poco tiempo para unas vacaciones allí. Durante los años siguientes pasamos las vacaciones en Louro e intentamos extender hasta cuatro semanas nuestra estancia. Una de las rarísimas excepciones fue el año dos mil cuatro, en el que el padre de Silvia estuvo ingresado en el Hospital de Sierrallana de Torrelavega, y decidimos pasar quince días en un apartamento en Comillas para poder visitarle con frecuencia.

No faltamos ningún año más a nuestra cita en Louro, ni al apartamento de Juana, excepto si en alguna ocasión tuvimos prevista una estancia en la Universidad de Antofagasta, en Chile, por imperiosas razones de trabajo.

Pablo y María siempre venían de buena gana a Louro, porque habían echado raíces allí. Sobre todo, Pablo. Silvia y yo también encontramos en ese rincón de Galicia un lugar ideal para hacernos mayores, disfrutar de la familia y pensar en un futuro retiro.

En el año dos mil veinte compramos nuestra casa, ya en el corazón de la aldea. Después de encontrar el anuncio accidentalmente en internet, le preguntamos a Dini por su opinión, quien apenas se enteró de que estaba en venta, nos dijo que era nuestra casa ideal, y subió de inmediato a enviarnos unas fotos de sus impresionantes vistas.

Durante esos años, Dini y su marido David, quien desgraciadamente nos dejó apenas tres semanas después de mi padre, en un fatídico marzo de dos mil diecinueve; así como Concha y Moncho, siempre fueron más que unos amigos en Louro. Fueron haciéndose nuestra familia allí.

Nuestro corazón estaba en Louro, pero nuestro tiempo pertenecía a Valladolid. Allí dábamos lo mejor de nuestras vidas, cada día laborable, de sol a sol. Tantas horas en el trabajo no habrían sido lo mismo sin Elena, José Luis, Felipe, Luis Ángel… mucho más que compañeros, amigos. Eran prácticamente la única motivación para volver a Valladolid cada año, después de unas vacaciones en Louro.

Ellos aún no sabían nada y ya tenía un teléfono para enviarles un primer mensaje.

Así, aquel miércoles, apenas veinticuatro horas después del accidente, sobre las 16:30 de la tarde, puse el primer mensaje a Elena, con quien seguía compartiendo cafés y buenos ratos en la Consejería de Educación. Elena y yo éramos los últimos componentes del grupo de compañeros que se habían ido jubilando, o trasladado a otros destinos. En el grupo estaba también Susana, aunque hacía ya bastantes años que no trabajaba con nosotros.

Lo curioso del caso es que nunca trabajamos realmente juntos (sí coincidimos, eventualmente, en la misma oficina en alguna ocasión). Pero compartíamos el rato del café, a las once en punto de cada día, y habíamos creado entre nosotros unos lazos de amistad más allá de lo profesional. Por entonces, solo quedábamos en la Consejería Elena y yo y, aunque teníamos un grupo para compartir mensajes por el teléfono, preferí contactar con Elena, para así pedirle que avisase a otras personas del trabajo. Le reenvié la noticia de *La Voz de Galicia*, que se refería al accidente y un mensaje de audio, con un hilo de voz entrecortada por mis dificultades para hablar:

— Elena, buenas… Primero, te estoy hablando, que no es poco. Pues nada, que hemos tenido un accidente, ayer. Bestial… Estamos ingresados los tres (María no estaba). A Silvia y a Pablo les van a operar el martes. Pablo es el que peor está... Yo tengo roto el esternón, las costillas… del cinturón (por eso hablo así, porque tengo poco aire) y una vértebra (la L4). Silvia está peor y Pablo aún peor, porque lo suyo es de las cervicales. Pero nada, que quería pedirte que, por favor, si puedes, avisar en el trabajo. Ya hablamos cuando me encuentre un poco mejor.

Después de la respuesta de asombro y preocupación de Elena, le relaté un poco más la situación:

—La pena es que Silvia y Pablo están en reanimación, estamos un poco desperdigados. Ha venido un ratillo mi hermana esta tarde, menos mal, porque la familia está lejos. Y es jodido. Es jodido, porque hasta para tomarte una sopa, tú solo, pasas las de Caín. Pero bueno, también te digo que de ayer a hoy he mejorado infinito: ayer no podía ni mover las piernas, ¡del dolor!, no porque no las sintiese. Y hoy ya las puedo mover un poco. Me han intentado poner de pie, pero ha sido un dolor horrible: me tienen que hacer una placa para ver qué más hay ahí… hay algo que no han visto. Pero bueno, el avance desde ayer es enorme.

El último mensaje de voz denotaba las dificultades de locución por la falta de aire y, sobre todo, una carga emotiva que hasta ese momento no había alcanzado, quizá porque había tenido tiempo de prepararme para el mensaje anterior, pero ese surgió de forma más improvisada. A continuación, y después de escucharlo, envié otro mensaje en un tono mucho más positivo:

— He escuchado el último audio y parece que estoy aquí dejando los últimos estertores de la vida. La verdad es que he estado de un ánimo excelente todo el día, porque las chicas de aquí (porque son todas chicas) son, amables no: lo siguiente. Tienen una vocación… Yo flipo con esta gente. Te lo digo de verdad. Y la verdad es que estoy super a gusto y he estado de muy buen humor. Hombre, jodido, porque te duele. Pero vamos, no tanto como parece en el audio ese anterior. Bueno, pues ya vamos hablando. Un beso. ¡Chao!

Avanzada la tarde llegaron directamente de Torrelavega Nuria y Alex, la hermana de Silvia y su marido. Venían de visitar a Silvia y Pablo. Me comentaron que María estaba también llegando al hospital, pero que le iban a adelantar una fotografía. Y así fue como me sacaron aquella primera foto después del accidente. Poco después, llegaría María y me alegré infinito de poder volver a mi hija. Me sentí bien, a pesar de los dolores.

Aquella noche dormí mucho mejor, yo solo en la habitación y con la ilusión de que con María pronto estaríamos, de nuevo, toda la familia juntos.

11. Gallegos y *fodechinchos*

El jueves a primera hora comprobé cómo ya podía echar agua de la jarra al vaso, aún con el desagradable crepitar del esternón, pero con mucha menos dificultad que el día anterior. Continuaba postrado en la cama, con la mesita auxiliar delante, pero esto suponía ya un pequeño avance. Habían pasado algo menos de veinticuatro horas desde mi primera ingestión (un consomé bebido a la hora de comer, que sería sustituido por una sopa, ya con algún fideo despistado, para la cena) así que el cuerpo parecía ir recuperándose. Para desayunar ya me habían puesto un café y un batido de proteínas. Me encontraba con muchas ganas de salir adelante. Los avances empezaban a ser algo más notables, aunque cada pequeño movimiento de los brazos acarreaba un insoportable sufrimiento, pues éstos tiraban del maltrecho esternón, abriéndolo como si fuera un libro. Cualquier intento de corrección postural en la cama a la que estaba encadenado, suponía un elevadísimo coste, en términos de dolor.

Pasó el mismo médico del día anterior (definitivamente, parecía tratarse de un residente), y aproveché para mencionarle el terrible dolor en el talón, que había quedado fuera del diagnóstico, y la incomodidad que me producía el crepitar del esternón, que me resultaba muy desagradable.

Al dolor del talón no le dio importancia, señalando que podía ser una pequeña lesión de la tabla en la que me habían tenido las primeras horas después del accidente. He aprendido que, en los casos de politraumatismos, a los médicos les importa poco más que el problema "principal" y que, ante una vértebra rota, un talón no les preocupa lo más mínimo. En fin, el caso es que ahí quedó mi talón, con un calcáneo que me iba a propinar un dolor horrible durante las próximas diez semanas.

En cuanto al esternón, me dijo que ese desagradable chasquido podría desaparecer en cuestión de semanas o quedarse para toda la vida. No sé si quiso curarse en salud, si fue su falta de experiencia o si hubo algún otro motivo para aquella desoladora respuesta, que me quitó las ganas de seguir preguntando. La realidad es que el desagradable chasquido apenas duró (afortunadamente) unos días.

Respecto a la contestación del médico, bien pensado, creo que por un momento olvidé que estaba en Santiago de Compostela, en el corazón de Galicia, y seguramente este médico era gallego. Por lo tanto, me dio una respuesta precisa y exacta: el crujido podría desaparecer, o no.

Como llevo ya más de veinte años aprendiendo de Galicia y de su gente, entre la que espero algún día ser considerado digno de pertenencia, he de hacer un inciso aquí para aclarar un malentendido. Personas no bien documentadas suelen decir que los gallegos son indecisos y que si te encuentras a un gallego en una escalera y le preguntas si sube o baja, no lo sabrá y te contestará con un "depende". La realidad es que los gallegos son "seres superiores" y saben perfectamente si están subiendo o bajando, quienes no tienen ni idea son los que no comprenden su manera de pensar.

Esto me recuerda una anécdota que escuché hace poco tiempo en la radio y que aclarará mejor mi argumento: Cuentan que, a pocos kilómetros de Santiago de Compostela, un peregrino encontró un lugareño sentado en un banco y curioso por saber cuándo llegaría a su destino en esa jornada, le preguntó:

— Buenos días, señor, ¿Podría decirme si tardaré mucho en llegar a Santiago?

— *Pois non che sei dicir* — le contestó el lugareño.

El peregrino reanudó la marcha, decepcionado con la aparente falta de colaboración del gallego y apenas había avanzado veinte metros le escuchó gritar:

— *Seis horas e media.*

Sorprendido, el peregrino le increpó:

—Pero entonces, ¿Por qué hace un momento me dijo que no podía decírmelo y ahora me lo dice con tanta exactitud?

— *Ainda non vira o lixeiro que andabas, non puden calculalo.*

Y esta es fundamentalmente la explicación de mi argumento, cuando postulo que son "seres superiores". Y digo más: tienen paciencia con nosotros. No es raro ver circular un coche un día cualquiera de verano, a una velocidad inusualmente baja por las carreteras de la costa de Galicia. Se trata, generalmente, de gente de fuera, deslumbrada por la visión que tienen entre sus ojos: el azul de la ría o del océano, el verde de las montañas, el ocre pálido de las purísimas arenas, o la luz infinita de esta costa... Seguramente ese mismo conductor, de Madrid, circulando el mismo día por el Paseo de La Castellana, no tendría la paciencia que tienen los gallegos que forzosamente se ven retenidos durante su viaje de trabajo, por la misma carretera de la costa. De hecho, mi amigo Moncho me ha propuesto ir a Madrid y circular a 40 km por hora por la M30, a ver qué les parece a ellos.

Pasar de ser considerado un turista a ser una parte de la comunidad que es una aldea gallega, requiere mucho más que tiempo. Es necesario echar raíces, ver la vida como se ve en Galicia y por supuesto, disfrutar de los matices de su gente, de su gastronomía, de su paisaje y de su lengua. Creo que Silvia y yo aspiramos a conseguirlo algún día.

He dicho antes "seres superiores" pero ¿Cómo si no puede entenderse esta paciencia con los *fodechinchos*? El propio término *fodechincho* solo puede concebirse desde un plano superior. Le pregunté a mi amigo Moncho qué significaba

— Significa "jode chinchos"

Y me explicó que los chinchos son los pescados más baratos que se pueden encontrar en el mercado y cuando los madrileños vienen a Galicia, son los primeros que se acaban.

12. Jueves Santo, cumpleaños de Pablo

Aprovechando que ya tenía mi teléfono, a las nueve de la mañana enviaba un mensaje de voz al grupo de la familia, que componíamos Silvia, María, Pablo y yo, reportando entonces mi situación. Concluía con unas palabras de ánimo a Silvia y a Pablo, que estaban entonces en reanimación:

—Tenemos que tener mucha paciencia y "darlo todo", como hemos hecho siempre en la vida. Esto es una prueba más y yo estoy muy animado y muy orgulloso de vosotros, así que... ¡Va por vosotros, familia!

Silvia me contestaba diciendo que habían desayunado café y que Pablo había convencido al personal del hospital para que le llevasen un croissant. Entonces recordé: ¡Era 6 de abril, el cumpleaños de Pablo!:

— ¡Feliz cumpleaños! —le dije.

— Estaba muy bueno —contestó. Y, seguidamente:

— Vamos para allá, a ver —indicando que pronto saldrían de la sala de reanimación y vendrían ya a planta.

Ya me atreví a enviar un mensaje de voz, aún con muy poco aire en los pulmones, con poca fuerza física y dolores, pero mucho optimismo. Después de leer los primeros mensajes de apoyo del grupo de excompañeros de trabajo (grupo *Brunch*), les contestaba con un mensaje de voz:

— Gracias chicos. Tengo poco aire... pero... hemos hecho buenos progresos desde ayer. Esto está siendo un poco jodido, si os digo la verdad, pero cada día un poco mejor. Ya sabéis que yo voy a darlo todo y por mí no va a quedar. Hoy me he comido hasta el "Meritene" ese, que me han puesto en el desayuno, que es un batido de proteínas... Así que me voy a poner cachas. Preparaos... Silvia y Pablo están en reanimación, todavía. Perdonad que no quiera hablar por teléfono... porque ya veis cómo estoy.... Y esto, después de coger un poco de fuerzas para poder hablar con vosotros. Casi no puedo coger un vaso de agua en la mano, porque al tener el esternón y las costillas mal, me duele todo muchísimo. Hoy me han sentado un rato un poco más largo, con el corsé... Estoy jodido, para qué os voy a engañar... Pero ya sabéis que cada día va a ser un poco mejor y, si Dios quiere, pues a lo mejor el lunes o el martes, ya soy persona. Un abrazo. Ya sé que estáis ahí. Vais a estar orgullosos de mí y de lo que voy a pelearlo.

Poco antes del mediodía se hizo realidad la tan ansiada noticia: me trasladaban a una habitación de tres camas, en donde nos iban a instalar a todos juntos. Ya con las zapatillas en mi poder, necesitaba ahora un batín que cubriese el camisón del hospital y me permitiese levantarme sin enseñar donde la espalda pierde su nombre.

— María, voy a necesitar un batín para levantarme sin enseñar el *cu* —le escribí en un mensaje en el teléfono, utilizando el término en gallego, cuyo uso me parecía aquí eufemístico.

Mientras tanto (eran ya casi las doce del mediodía), María amanecía en Louro después de un día muy largo y con otra jornada muy intensa por delante.

Me instalaron, por fin, en la habitación y poco después de comer subieron a Pablo y a Silvia. La situación era mucho mejor que el día anterior. Situaron mi cama en el espacio más próximo a la puerta de entrada y al baño. Ubicaron a Pablo a mi izquierda, en el centro de la habitación, y a Silvia al lado de la ventana, donde pasaría bastante calor los siguientes días. Incomprensiblemente, la ventana no se podía abrir: el mecanismo de seguridad para evitar suicidios en el hospital consistía en bloquear la ventana. Esta fue, sin embargo, una de las pocas incomodidades del hospital, que en el resto de los aspectos podía considerarse excelente.

Resultaba reconfortante estar juntos, a pesar de que Silvia aparentaba estar muy débil y permanecía taciturna en su esquina. Pero ya podíamos comunicarnos. Fue entonces cuando vi el inmovilizador de plástico rígido que Pablo tenía instalado en el cuello. Apenas veinticuatro horas después de haberlo colocado, ya estaba causándole una incómoda lesión, pues no tenía ningún material interior que evitase una molesta abrasión en la piel de la nuca. Además de la incomodidad que produce la propia inmovilización, la abrasión iría haciendo el efecto de la gota china, una insufrible tortura que se prolongaría, como poco, en los cinco días que faltaban para la intervención.

En la tortura de la gota china, el reo era inmovilizado, de modo que le cayera sobre la frente una gota de agua fría cada pocos segundos. Después de algunas horas, el goteo provocaba daño físico en la piel, pero la verdadera tortura era la locura que le provocaría el no poder dormir. En el caso de Pablo, también inmovilizado boca arriba, el dolor era más intenso que el de la gota, pues se producía por abrasión del cuero cabelludo, en una herida que cada vez sería más dolorosa. Pero, como en el caso de la gota china, la verdadera tortura sería no poder dormir, y eso lo íbamos a constatar muy pronto.

Instantes después de juntarnos de nuevo los tres en la habitación 405, se uniría María, que había dormido en Louro y que había conseguido una bata en el quiosco de la entrada. Con corsé, bata y zapatillas, solo me faltaba dominar la bipedestación para poder recorrer, de nuevo, el mundo.

Recibimos en la habitación al capellán del hospital. Una persona magnífica, que desde luego tiene una difícil misión y con una vocación digna de elogio. Era Jueves Santo y me hacía mucha ilusión tomar la Comunión, máxime con un servicio que nos lo ponía tan fácil. Llegó el capellán y charlamos un rato. Entre sus palabras, me dijo algo que no se me olvidaría:

— El dolor es el octavo Sacramento.

Esta es una afirmación que creo que esconde mucha filosofía y muchas claves, más allá de lo que a primera vista encierran estas seis palabras. Lo primero que se me vino a la cabeza es la capacidad del dolor para hacernos crecer como personas y superarnos. Pero también se me vino a la cabeza que, en cierta ocasión, escuché a alguien disertando sobre el cristianismo y por qué Dios permite el dolor y las desgracias. El orador planteaba lo siguiente:

— ¿Alguno de ustedes se ha planteado qué pinta un Dios en una cruz?

Por qué un Dios escoge el camino del dolor es algo que no me había preguntado nunca, y aquello me pareció muy revelador e interesante. Esta pregunta es quizá respuesta del ¿Por qué a mí? Que muchas veces nos planteamos. Es un tema que, probablemente, dé para no uno, sino varios libros.

El caso es que, el hecho de que el accidente ocurriera, precisamente en la conmemoración de la Semana de Pasión, generaba una ocasión propicia para vivir, de manera muy especial, esas fechas.

Durante la convalecencia posterior he tenido ocasión para reflexionar sobre el dolor, pero éste me parece un tema demasiado complejo como para entrar en él ahora. Desde que viví la experiencia del accidente, he pensado mucho en familiares y amigos que viven con el suplicio de un dolor más o menos crónico. No me considero con la suficiente autoridad para escribir sobre esto, más allá de la poca que puede darme mi insignificante experiencia. Mi batalla con el dolor no fue demasiado larga y, aunque más o menos intensa, encontré la fortaleza mental para superarla.

Pero mi experiencia con el dolor no es, para nada, comparable a la de personas que viven encadenadas a él de forma permanente. En estos casos, desarrollar resiliencia emocional y aprender a vivir a pesar de ese castigo es algo a lo que tengo demasiado respeto como para atreverme a opinar ahora. Sólo diré que he tenido personas cerca que sufren dolores de forma permanente, que los he visto luchar para superar los bajones emocionales a los que se enfrentan y que, de toda la experiencia del accidente, pienso que lo más duro y difícil ha sido ver qué exigente es, mentalmente, superar el proceso del dolor y de la recuperación.

En aquellos primeros días, a mí me ayudó pensar en el paralelismo con la Pasión de Cristo, así que agradecí la visita del capellán y la celebración de la Semana Santa del dos mil veintitrés, de aquella manera tan especial.

Poco después, llegaron Nuria (la hermana de Silvia) y Alex, su marido. Todos se fueron a comer fuera del hospital y regresaron con unos globos, que instalamos en la camilla de Pablo.

Cantamos el "cumpleaños feliz" a eso de las siete y media de la tarde.

A pesar de todas las desgracias, de los dolores que en esos momentos teníamos, recuerdo la felicidad de estar toda la familia reunida. Alex y Nuria han traído siempre mucha paz a Pablo. Por la razón que sea, siempre se encuentra muy a gusto con ellos y yo agradecí que ellos estuvieran allí. Era también encomiable la fuerza que Pablo había tenido, a excepción del momento de ser sondado vesicalmente, hay que recordarlo, si bien es normal que defendiese la integridad de su miembro más sensible ante una penetración (aunque justificada, no olvidemos que fue a la fuerza).

Alex y Nuria contaban con el ofrecimiento de nuestros amigos Moncho y Concha para quedarse a dormir en su piso en Santiago, así que estarían con nosotros también el día siguiente.

Pasó el Jueves Santo con pocas novedades más: el hecho de tener a familia alrededor facilita mucho las cosas. También, el volver a estar los tres juntos nos daba una fuerza adicional para superar aquel trance. Estaba claro que solo podíamos salir de aquello hacia adelante, que nos iba a tocar luchar mucho, pero siempre habíamos salido bien de todos los retos que nos había planteado la vida y estábamos allí unidos para hacerlo de forma ejemplar.

13. Positividad, psicología y filosofía india

— ¿Por qué no escribes un libro? —Me diría mi hermano Pablo algunos días después del accidente, impresionado por el buen ánimo que manteníamos en todo momento, a pesar de la desgracia.

Quizá, a mi hermano le llamaba la atención lo que podría estar pasando por nuestras cabezas para que, a pesar de estar literalmente rotos y descompuestos físicamente, con un futuro no muy cierto, tuviéramos el ánimo a tope. Y, sobre todo, mi hermano tenía la impresión de que la manera en la que estábamos enfocando todo aquello posiblemente podría aplicarse también a otras situaciones, podría ayudar a otras personas.

Teníamos motivos para estar contentos, a pesar de la desgracia. El primero, que habíamos salido vivos los tres y que nos considerábamos tremendamente afortunados. Además, teníamos muy claro que queríamos recuperarnos lo antes posible y superar todos los desafíos que ahora nos planteaba la vida.

Así que, la verdad es que el desánimo apenas asomó, al menos los primeros días, cuando estábamos con la guardia en alto, preparados para afrontar lo que teníamos delante.

Tan solo abandonamos ese espíritu en contadas ocasiones, con los descensos al pozo de la desesperación de Pablo, ante sus problemas con el dispositivo inmovilizador en el hospital, pero poco más.

No me atrevería a intentar desentrañar las razones que estuvieron detrás de aquel espíritu positivo, que nos infundía ánimo para "darlo todo" ante la adversidad. Hay ya cientos de libros que analizan los entresijos de una actitud positiva, de sentirse bien, a pesar de la desgracia.

Poniendo en una balanza las cosas positivas y negativas, solo la incertidumbre de la recuperación y el dolor eran aspectos realmente de peso en el lado de la negatividad. Por el contrario, estábamos vivos, enteros, con posibilidad de recuperar bien, estábamos juntos, teníamos un apoyo increíble de familiares y amigos y una oportunidad magnífica (como así fue) para el crecimiento personal de cada uno y para el fortalecimiento de nuestra familia.

Aprender a adaptarse, a buscar soluciones a los pequeños retos de la cotidianidad, aceptar las nuevas limitaciones, pero luchar por superarlas y sentir la satisfacción de hacer pequeños avances, era una constante fuente de satisfacción para nosotros. En aquellos días de hospital descubrimos que teníamos fuerza interior para superar todos aquellos obstáculos y seguir adelante. Aunque la salud era un inconveniente, todavía había momentos entrañables y gratificantes en el día a día. ¡Quizá más que en un día rutinario en nuestras vidas habituales!

Lo más relevante fue que no esperamos a conseguir avances para sentirnos bien, sino que adoptamos una actitud positiva como norma general, la cual nos hizo sentir mejor mentalmente y nos hizo más fuertes. Superábamos problemas y retos concretos y cada paso que dábamos retroalimentaba nuestras energías.

Mientras me entregaba a la escritura de este relato, leí lo que pueden ser los resultados de la actitud positiva, en el libro de Shawn Achor *The Happiness Advantage*. Achor desmenuza cómo el bienestar emocional influye en el éxito y el rendimiento en la vida en general, y coincide plenamente con nuestra experiencia.

Es decir, sin conocer lo escrito por Achor, adoptamos una actitud que influyó en nuestro devenir y se realimentó de los avances que íbamos consiguiendo. También, esta actitud positiva hacía que las relaciones con las personas que nos rodeaban resultasen más agradables para ellos.

Aquí tengo que citar de nuevo a mi padre, quien resumía todos estos tratados de psicología en un esquema tremendamente sencillo: se trataba de perseguir el equilibrio físico y mental. De aceptar la vida como nos venga, al mejor estilo de filosofía india y de «tener paz». Esto último es algo que intento aplicar cada día más: trabajar y vivir en entornos en los que yo pueda encontrar esa paz.

A pesar de los matices y enfoques que esto puede tener en función de la cultura y experiencia personal de cada uno, no es extraño que muchas civilizaciones hayan utilizado la paz como saludo. Los judíos con su *Shalom*. Lo mismo, en la cultura árabe, *Salam Aleikum*, y en las religiones indias, *Om Shanti*. Se trata de una constante a lo largo de muchas culturas. En fin, algo que no inventó mi padre, sino que destiló seguramente de su experiencia vital, pero que resume de una forma excelente su receta para sentirse bien.

En los días de hospital, a través de las redes sociales, conocí algunos consejos del yogui indio Sandhgurú Jaggi Vasudev. Desde una óptica oriental defendía la misma filosofía que mi padre. Sandhgurú sostenía la importancia de centrarse en el desarrollo y la paz personal, que era equivalente a otro lema de mi padre «tú haz tu vida y él que haga la suya».

— Sandhgurú, ¿Debemos perdonar a quien nos ha hecho daño? —le preguntaban en un vídeo publicado en la red.

— No le perdones —contestaba él de forma sutilmente irónica —entonces, ocupará permanentemente un espacio negativo en tu mente. Así, tú serás el principal perjudicado si no le perdonas.

Mi padre no lo podría haber expresado mejor, pero con el «tener paz» y «hacer tu vida» creo que se podría encontrar una clara conexión entre la filosofía india y la que practicaba mi padre.

Seguramente mi hermano Pablo estará decepcionado por el poco éxito de este relato en diseccionar nuestro raciocinio para encontrar los engranajes de nuestra visión positiva ante la adversidad. Pero creo que nuestra positividad respondió más a una actitud que a un razonamiento. No conocíamos los planteamientos de la psicología de la Universidad de Yale, ni de la filosofía india, que al final parecen resumirse en lo que ya decía mi padre... simplemente, nos mantuvimos positivos y esto nos ayudó.

Algo sí descubrimos: incluso la actitud ante el dolor, que era algo latente que nos acompañaba en cada momento, se beneficiaba de este enfoque, aderezado con un poco de buen humor, como revela aquel mensaje que envié a mis compañeras de trabajo Beatriz y Carmen el cinco de mayo, un mes después del accidente:

— Vamos progresando, poco a poco. Tratando de controlar el dolor. Hay ratos mejores y otros en los que hay que confiar en que esto nos está haciendo más fuertes. Pienso que el dolor es como un peso ... Si te abandonas, te aplasta, pero si haces fuerza por controlarlo, te haces más fuerte ... Así que me voy a poner cachas contra el dolor 😄😄😄.

14. Viernes Santo

La noche del jueves al viernes fue especialmente dura para Pablo, y por consiguiente para todos. El dispositivo inmovilizador perseveraba en su incesante labor de abrasión de la piel en la parte superior de la nuca, lo que ocasionaba un malestar cada vez más intolerable. Para Pablo, aquella tortura empezaba a ser, por momentos, más intolerable que la idea de las secuelas del accidente. Así que, desoyendo cualquier recomendación de los médicos, incorporaba su torso sobre la cama y se aflojaba el sistema de velcro que sujetaba el inmovilizador. Su madre y yo, aterrorizados con la idea de que la lesión de su cervical rota se moviese unos milímetros y se dañase la médula, intentábamos persuadirlo para que dejase de hacer aquello. Él era cada vez más tajante con la tortura:

— No puedo soportar esto, me da igual lo que pase —se quejaba una y otra vez en mitad de la noche.

Pablo, presa evidente de la desesperación, cayó en una especie de frustración repentina, ya sin reserva alguna de paciencia. Sus continuas y aterradoras violaciones de la inmovilización, junto con el pozo de desesperación en el que de repente se vio sumido, generó un clima de insufrible angustia para todos. Pulsaba una y otra vez el botón para que acudiese la enfermera o la auxiliar y le buscase una solución (de nuevo), pero había muy pocas esperanzas de encontrar una salida a aquel problema. Probaron con unas gasas para amortiguar el efecto abrasivo del plástico, pero la lesión había ya avanzado demasiado, así que ésta no resultó una buena medida.

—Esa herida es ahora el menor de tus problemas. ¿Tú eres consciente de lo que te puede pasar si te andas quitando o aflojando eso? —le decía una de las auxiliares en mitad de la noche, ya frustrada por no encontrar solución y ver que Pablo se estaba saltando todas las recomendaciones.

Aquella fue una noche larga, muy larga y muy dura, en la que resultaba imposible sacar a Pablo de ese pozo. Ni Silvia ni yo podíamos acercarnos a la cama de Pablo, debido a nuestra propia inmovilización, por lo que solo nos quedaba compartir la angustia y el desvelo de forma remota y transmitir nuestras recomendaciones tratando de sacarle de aquel estado. La única esperanza entonces era que, en la mañana siguiente, mi cuñado Alex encontrase una solución mejor que las improvisadas por las enfermeras para el problema de la abrasión y acabase así con la tortura de la gota china de Pablo. Serviría algún material que pudiera instalarse en la parte interior del dispositivo inmovilizador, que amortiguase el efecto abrasivo del plástico.

Tener una esperanza es ya una primera excusa para la tranquilidad, que empezó a ayudarnos en esos momentos. Era, de hecho, la única tabla de salvación a la que aferrarnos en ese momento. Aquella noche tan dura, los

EL VIAJE DE VUELTA

tres confiábamos en esa idea, sabiendo que Alex es lo que se denomina un "manitas" y conoce muy bien materiales y posibles soluciones, aunque fuera esta una de sus primeras incursiones en el mundo de la bioingeniería y salud humana.

Alex no nos defraudaría al día siguiente, cuando tras barajar varias soluciones, encontró una excelente salida al problema: un cojín de cuello, de los que se utilizan en los aviones para dormir y que, casualmente, tenía en su automóvil. Lo colocó de tal manera que la cabeza de Pablo no reposaba sobre el plástico y liberaba así el contacto con la parte dañada. Fue aquel un pequeño paso para la recuperación de Pablo, pero un gran paso para el necesario descanso de toda la familia.

El mismo viernes tuvo lugar otro hito importante: me pude poner por primera vez en bipedestación. Me trajeron un andador, de esos que tienen dos ruedas y dos patas con tacos de goma, de forma que pueden servirte para apoyarte mientras caminas y a la vez se pueden desplazar fácilmente. Mi primer viaje fue de unos 2 metros de ida y otros tantos de vuelta. Sólo para probar si podía andar. La parte izquierda inferior de la espalda era mi mayor preocupación: sin previo aviso, aparecía un chispazo de dolor de una intensidad infinita, acompañada por una sensación de quemazón simultánea, que me paralizaba totalmente.

Una vez que fui capaz de mantenerme en pie, me bajaron a la unidad de radiología, para hacer la radiografía que estaba pendiente. Bajamos en silla de ruedas y fue entonces, al tercer día de estar en el hospital, cuando por primera vez pude ver algo más que los techos de las instalaciones. A pesar de que un hospital es probablemente uno de los lugares menos interesantes, después de tanto tiempo resultaba curioso ver gente, máquinas expendedoras y otros enfermos pululando sin destino cierto.

Ese mismo día nos visitó Carlota, nuestra vecina de Valladolid, a la que habíamos visto crecer los aproximadamente veinticinco años que llevábamos viviendo en el chalet adosado al de su familia, en la calle Juan de Valladolid. Ahora, ella era médico residente de la especialidad de Urología de ese hospital. Fue muy emocionante ver a aquella niña de apenas cuatro años, ahora convertida en una médico, a la que apenas reconocí cuando entró en la habitación con su traje de trabajo verde. Ese color diferenciaba a los médicos de enfermeras y auxiliares, que vestían uniformes amarillos o azules, por regla general. Habíamos visto crecer a Carlota desde su infancia. Un buen día, como todos los niños, sin previo aviso y sin que nos diéramos cuenta, se hizo mayor y se fue de casa a estudiar la carrera de Medicina. La perdimos de vista, aunque sabíamos de ella por sus padres, con quienes hablábamos con frecuencia, como buenos vecinos. Así, supimos que había elegido el Hospital Clínico Universitario de Santiago para completar su formación como médico residente.

Tener a Carlota allí conllevaba el beneficio de un contacto adicional en el hospital, aunque no fuera en la especialidad de traumatología, pero siempre es algo de agradecer disponer de una cara conocida. Además de unos bombones, nos obsequió con varias visitas durante esos días tan difíciles.

Y así transcurrió el viernes. Alex, Nuria y María nos alegraron el día, nos solucionaron el problema de la tortura china, vieron mis primeros y dolorosos pasos y acabamos la jornada realmente cansados, después de una mala noche y los dos primeros días de ingreso.

15. El ritmo del hospital

Los siguientes días transcurrieron con la habitual rutina del hospital, a la que uno acaba acostumbrándose muy rápidamente. Eran festivos y no había mucha actividad médica, así que nos pasábamos el día básicamente comiendo: desayuno a las nueve, comida a la una, merienda a las cinco y cena a las ocho de la noche. Éramos, pues, alimentados cuatro veces al día, con unas raciones desmesuradamente grandes para lo que era habitual en nuestra dieta. Cada una de estas comidas se prolongaba casi una hora, desde el momento en el que se filtraba el aroma a comida en la habitación (anunciando la inminente hora de deglución) al tiempo que se escuchaban los carros con los menús en el pasillo, hasta que venían a recoger la bandeja una vez habíamos terminado.

Pablo disfrutaba de una dieta más rica en todos los sentidos, desconocemos exactamente la razón, pero siempre ha sido un tipo con suerte para estas pequeñas cosas. Silvia y yo nos conformábamos con dietas más hospitalarias, ricas en fibra, que en cantidad seguían siendo excesivas para nuestras necesidades.

El ritmo de la comida se alternaba con el de la medicación: cada ocho horas, paracetamol por una vía y entre medias (a las cuatro horas) algún otro analgésico, como dexketoprofeno (Enantyum) o similar. No faltaba tampoco la inyección de heparina por la noche y las medidas de oxígeno en sangre y tensión (un par de veces al día, como mínimo).

Y sin olvidar el ya relatado aseo matutino: ese momento de tiritona donde tu cuerpo, sonda vesical incluida, se mece a virtud de movimientos enérgicos de esponja. Yo pude librarme pronto de esta experiencia gracias a mis habilidades en bipedestación.

En mi caso, habría que añadir también la visita del capellán del hospital, que amablemente venía cada mañana, sin tener una hora fija.

Todo se produce de forma rítmica en el hospital, haciendo de esta rutina un elemento de confort. Desde el punto de vista de la gestión hospitalaria, seguramente no puede hacerse de otra manera, para optimizar los recursos humanos y materiales. Pero no cabe duda que, desde el punto de vista del paciente, la cadencia regular de los sucesos que van componiendo cada jornada, ayuda a tener una falsa sensación de acomodo.

Aun con todo, Pablo y Silvia añoraban las camas de la unidad de rehabilitación y se quejaban de vez en cuando de los "catres" en los que nos habían instalado en la planta de traumatología, con un colchón mucho más incómodo que el que habían tenido durante las primeras horas de ingreso. Yo, dado que en la unidad de críticos estuve en una tabla de inmovilización, no conocía un medio mejor que aquel para dormir, dentro del hospital.

El incómodo colchón tenía la ventaja de que el plástico que lo rodeaba permitía el aseo "a lo bestia" allí mismo, como ya había comprobado en mi primera mañana en la planta de traumatología. Y si hay algo que a Silvia siempre le ha resultado extremadamente incómodo en la cama es el plástico, sobre todo cuando estaba sobre un colchón de características muy alejadas de los estándares a los que estábamos acostumbrados en casa. Para complicarlo todo, el plástico facilitaba que el cuerpo y las sábanas se fueran deslizando, incluso con una leve incorporación del torso, y acabásemos estando en una posición bastante incómoda. Dado que teníamos el tórax destrozado, corregir la postura por nosotros mismos era, por entonces, misión prácticamente imposible.

16. Drogas no, pero sí

Silvia (y es algo que he visto también en su madre) ha sido siempre una persona bastante reacia a tomar medicinas. La intuición de mi suegra, Encarnita, es que, si se toman poco, producen más efecto cuando realmente hacen falta. Esta cultura parece haber calado en Silvia y la practica desde que la conozco. He de reconocer que, en cierto modo, es contagiosa, porque sin llegar a los extremos a los que ella llega, he acabado considerando a la medicación como el último recurso. En mi caso, es más bien por el hecho de que invariablemente hay pros y contras en el uso de drogas y aunque pueden ser más o menos importantes, siempre hay que contar con efectos secundarios.

Así que yo había declinado la oferta de la pastilla para dormir la primera noche y de igual manera, la segunda noche que pasamos juntos, cuando nos ofrecieron una pastilla para conciliar mejor el sueño, Silvia la rehusó. Pablo, que por entonces era un carrusel de emociones, con los momentos más agrios de desesperación, seguidos sin solución de continuidad por los más graciosos, cuando gozaba de humor, contestó con el título de la canción *Dile no a las drogas*. Creo que esto también fue, por cierto, un eslogan de Diego Armando Maradona, cuando en un spot publicitario decía:

— *Hacéme un favor. Disfrutá de la vida.* Si te ofrecen drogas, simplemente di no. —era el mensaje del astro argentino, que curiosamente se volvería un gran consumidor de todas estas sustancias, desoyendo su propio consejo. No tenemos ya ocasión de preguntarle por ese cambio de opinión, pero seguramente el futbolista replicaría que de sabios es rectificar.

Y después de la terrible noche que había pasado Pablo con la tortura de la gota china, era lógico que la enfermera le ofreciese especialmente a él una pastilla para dormir. Pero éste quería seguir el ejemplo de su madre y, después de preguntar qué iba a hacer ella, decidió secundar su opción y subrayó a modo de anunciante, con una sonrisa:

—¡Di no a las drogas!

Por desgracia, a pesar del invento de mi cuñado Alex, el devenir de la noche pronto empezó torcerse, yendo de bien a regular, luego a mal y después a peor.

La noche es, de hecho, uno de los peores momentos para los dolores, cuando todo se apaga y se hace más patente que el dolor sigue encendido, despierto... cuando se rompe el ritmo del hospital y no queda más que esperar el paso de las horas y confiar en que el sueño va a hacer todo más llevadero. Por la noche, el tiempo se distorsiona y una hora puede pasar en un minuto (si estás dormido), o si el dolor lo marca, cada minuto puede parecer una hora.

Así que, apenas un par de horas más tarde, sobre la una de la madrugada, después de amargos lamentos de Pablo y ante el evidente nuevo descenso al hoyo de la desesperación, con más de siete horas por delante hasta el desayuno, hubo consenso en la habitación familiar sobre la imperiosa necesidad de solicitar una pastilla para dormir para Pablo (y de paso, otra para Silvia). Yo confiaba en que, si los dos dormían, no necesitaría una de aquellas grageas mágicas.

Gracias a sendas dosis de lorazepam, que devoraron Pablo y su madre, aquella noche pudimos descansar muchísimo mejor los tres. Descubrimos que las drogas tenían su razón de ser y, particularmente Pablo y Silvia, que la pastilla para dormir era un gran invento.

Nuestros cuerpos se estaban también adaptando al ritmo de los analgésicos y no hacía falta un reloj para saber, cuando llegaba el momento, que ya nos tocaba la siguiente dosis. Empezábamos a cambiar nuestra filosofía sobre las drogas y a entender que en aquellas circunstancias las necesitábamos. Bromeábamos con lo bien que funcionaban y, de vez en cuando, preguntábamos con apetencia de nuevas dosis:

—¿Cuándo nos toca la siguiente?

A partir de ese día, cada noche pasaron con las pastillas para dormir, que Pablo y Silvia engullían ya sin rechistar. Cada ocho horas esperábamos el analgésico por la vía y nos tomábamos cualquier medicamento que llegase a nuestro alcance, porque habíamos descubierto que eso mejoraba notablemente nuestra calidad de vida en el hospital: nos permitía descansar por las noches y mejorar nuestro estado durante el día.

Pedíamos drogas y las consumíamos con fruición. ¿Qué habría sido de aquellos días sin nuestro paracetamol, nuestro dexketoprofeno o el metamizol? Y, sobre todo, sin el lorazepam que abría la puerta al descanso de Silvia y Pablo y que ya pedían, como yonquis, cada noche después de la cena, por si acaso se le olvidaba a la enfermera de turno.

Poco a poco, íbamos abandonando nuestro estado de shock postraumático tras el accidente. Aún lejos de la recuperación, pero con ligeras mejorías, que constituían pequeñas victorias y, por lo tanto, motivos de felicidad. Cada día estaba más cerca la cirugía, que era en esos momentos lo que estábamos esperando para Pablo y Silvia. El cronómetro de la recuperación había empezado a correr sólo para mí. Era ocasión para revisar las magulladuras y hematomas y comprobar la movilidad y la fuerza de las piernas y de los brazos, que eran pequeños indicadores de recuperación. Mejorías microscópicas, pero mejorías, al fin y al cabo.

Los ánimos estaban bien, pero no habíamos tenido más noticias de los médicos y teníamos que lidiar con la incertidumbre sobre cuáles serían las reglas de juego que marcarían los próximos meses en nuestra vida.

17. Quiero hablar con el gerente

Las visitas marcaban también aquellos días. El sábado nos acompañó mi hermano Pablo, que vino en avión desde Madrid. Llegó muy temprano por la mañana y se puso de acuerdo con mi hija María para coincidir juntos a desayunar en la cafetería del hospital. Aprovechó María para subirme un café, porque a pesar de la calidad de la comida, yo echaba mucho de menos un buen café expreso cortado.

Añoraba muchísimo el café cortado de mi amigo Ángel, el propietario del bar *Miramar*, en Muros. Es, quizá, uno de los mejores cafés que he tomado, junto con los de un antiguo establecimiento en la plaza Rogier, en Bruselas. Los de Ángel, a un precio mucho más asequible. Él se encarga de cuidar todos los detalles, desde la mezcla hasta el tamaño de la luz de las duchas (por ese nombre, seguramente técnico, se refería Ángel a las piezas perforadas que hacen de filtro). Para mí, el cortado es, quizá, el café por antonomasia. Sin azúcar, por supuesto. Sólo así se puede apreciar, a medida que el café se mezcla con la crema, la amargura suave y equilibrada complementada con la suavidad láctea del corte, creando una combinación armoniosa en el paladar. Si está bien hecho, tiene un tono dorado profundo, como el oro líquido, y parece brillar bajo la luz, así que, me gusta pararme a observarlo y apreciar su aroma, antes de llevármelo a la boca. Una vez cortado, la textura es sedosa y su aroma muy complejo, lleno de matices. Un auténtico placer, que echaba mucho de menos en el hospital.

Recibí mi cortado de la cafetería, fue decepcionante ver cómo habían estropeado el café, añadiendo una cantidad excesiva de leche. Pero, en fin, incluso en un vaso de papel, pude disfrutar de la evocación a lo que podría haber sido un buen cafelito de máquina.

Yo había decidido ir al baño por primera vez. Después de mis primeros pasos, era ahora el siguiente hito. Pero era una misión en la que tendría que afrontar el dolor en general del tórax y, sobre todo, los "chispazos" sin aviso que se producían en la fractura de mi columna, que probablemente estaba atropellando a algún nervio próximo. Los pasos eran muy tímidos, primero avanzando un pie lentamente, unos veinte centímetros, apoyándolo con cuidado y balanceando el peso del cuerpo para poder incorporar el otro pie. Después, se trataba de conseguir el equilibrio y deslizar el andador a su nueva posición, para volver a realizar el mismo ciclo de maniobras. La gran dificultad estaba en los giros. Pronto descubrí que, como ocurre en las rotondas del Reino Unido, me estaba prohibido girar a la izquierda, porque era precisamente lo que disparaba la frecuencia de los insoportables "chispazos".

En estas operaciones estaba yo cuando, tras abrir la puerta y dificultosamente maniobrar con el andador para salir del baño, vi cómo me observaba mi hija María. Sentada en una silla de la habitación vigilaba, con una mezcla de ilusión y pavor, mis penosos movimientos de piernas, más próximos a un paralítico que a una persona con capacidad para andar. Su cara era una mezcla imposible de alegría y alarma al mismo tiempo, reflejo de sentimientos encontrados por contemplarme de nuevo, caminando; pero a la vez por verme hacerlo de aquella manera tan deplorable, que denotaba un estado físico muy deteriorado. Bromeamos luego con su indisimulado gesto y todo lo que aquello expresaba sin pronunciar una sola palabra.

Este no fue el único avance ese día: empezaba a tomar algunos de los calmantes en grageas, dejando sólo la vía para el paracetamol cada ocho horas. Por entonces, mis necesidades de oxígeno habían ido disminuyendo y ya sólo me quedaba una vía intravenosa. Esto me animó a hacer varios paseos por la habitación, de apenas unos metros. Pero entre otras cosas, tuve la oportunidad de volver a estar al lado de Silvia y de Pablo, con sendas excursiones a sus camas. Me ayudó bastante disponer del batín que me había comprado María, el cual cubría la ridícula bata quirúrgica. No obstante, después de tres días de hospital con aseos incluidos, junto con algunos dolores habían desaparecido (estos casi por completo) el pudor y el sentimiento de ridículo.

Pasamos muy buenos momentos con mi hermano Pablo y María ese sábado. Mi hijo Pablo, que disfrutaba de un bono para ver películas y televisión, compartió algunas escenas con su tío y particularmente aquella en la que Robert de Niro, en la película de mil novecientos noventa y nueve *Una terapia peligrosa* (*Analyze this*) es un mafioso al que, tras sufrir varios ataques de pánico, prescriben como terapia de reinserción ser vendedor de coches. En la escena, Vitti (Robert de Niro) pierde la paciencia con unos impertinentes compradores, que, ante las malas respuestas del vendedor, le piden que quieren ver al gerente.

— ¿Quieren ver al gerente? ¡Si, yo les enseñaré al gerente! —responde el mafioso, y echándose mano a los genitales les revela:

—Aquí tienen al gerente. ¡Háblenle! Este es el gerente.

Revivimos esa tarde muy buenos momentos, gracias al excelente humor de tío y sobrino y de algunas otras memorables secuencias de películas. Todo parecía más gracioso por el mero hecho de que no podíamos reírnos, bajo pena del dolor que acompañaría a cualquier mínima carcajada.

Resultó muy curioso cómo, a pesar de las circunstancias, conectar con aquellas escenas nos transportaba a todos a un mismo estado de alegría. Sin duda, fueron buenos momentos.

A la hora de cenar, mi hermano nos dejó para tomar su avión de vuelta a Madrid. Aquella fue, por cierto, una de las mejores cenas en el hospital. Me sirvieron una excelente ración de tortilla de patata, si bien era aproximadamente el doble de lo que mi cuerpo podría engullir. Fue una pena no poder terminarla.

A pesar de tener el accidente en Galicia, donde no residíamos habitualmente, estuvimos muy acompañados gracias a los amigos de Louro: Moncho, Concha; Nuria y Dani (sus hijos), Dini... Nunca nos faltó calor. Nuria nos visitó varias veces y siempre era un soplo de aire fresco y buen humor. También nos visitaron amigos de Pablo (Gonzalo y su novia) ese mismo día.

18. El final de las vacaciones

La Semana Santa llegaba a su fin y amanecía en Santiago un Domingo de Resurrección muy caluroso para lo que correspondía a aquellas fechas. Esto iba a hacer la vida en la habitación del hospital un poco más incómoda, particularmente a Silvia, que estaba próxima a la ventana donde daba el sol de pleno.

Ya a primera hora de la mañana me quitaron la última vía. A partir de ese momento toda la medicación sería, por tanto, por vía oral. Por fin libre, sin cables. Empezaban, sin embargo, a aparecer dolores que hasta ese momento habían permanecido enmascarados. Sin el oxígeno y con más movilidad, me empezaba a resultar particularmente doloroso el moratón en el puente de la nariz. Y crecía el dolor en el talón, que seguiría escalando posiciones en el ranking de mis preocupaciones, hasta ser uno de los más destacados durante las semanas siguientes. Se había quitado ya la postilla del rasguño en la frente. En un vídeo que enviaba a mis hermanos y mi madre les mostraba el arsenal que tenía preparado para embucharme aquella misma mañana: omeprazol, dexketoprofeno y paracetamol.

A pesar de todas las fracturas y los dolores, mi salud se había recuperado de una forma espectacular en esos primeros días, en los que había pasado de luchar por la vida, a recobrar un estado más o menos aceptable, aún lejos de ser una persona independiente. No obstante, el crepitar del esternón era mucho más suave y llevadero, ya podía ponerme de pie (no sin dificultad) y empezaba a echar de menos cosas más accesorias, como era el poder afeitarme y estrenar el cepillo y la pasta dentífrica, que seguían esperando a mi primera higiene dental, después de varios días.

Pablo, Silvia y yo manteníamos un estado de ánimo muy positivo, esperanzados por los avances en la recuperación de los pocos días que llevábamos ingresados y por la proximidad de las cirugías. Yo estaba haciendo progresos notables, como era poder incorporarme sin ayuda y si podía levantarme así, sería dado de alta previsiblemente el martes. No obstante, tenía que aprender a hacer todo de nuevo.

Había ingeniado también, una técnica para sujetarme la bata quirúrgica. Ya de por sí, es un trapillo que deja al descubierto toda la retaguardia, pero si encima tienes una lesión torácica que te impide levantar los brazos para atarte los cordones que sirven de sujeción detrás del cuello y detrás de la cintura, se convierte en un atuendo prácticamente inútil. Descubrí entonces que podía circunvalar mi cuello y hacer un lazo a modo de pajarita con el cordón en la parte anterior del cuello, lo que daba un toque absolutamente gracioso al ya ridículo conjunto. No obstante, resultó una solución magnífica.

Una vez que uno se puede levantar de la cama y puede caminar, aunque sea penosamente, la vida cambia totalmente: me enseñaron a usar la ducha, con una silla especial pues no podía hacerlo de pie. Podía también usar el inodoro, con un adaptador que elevaba unos veinte centímetros la altura de la taza. Ya todo era cuestión de tiempo. Los progresos eran bastante rápidos, aunque me empezaba a preocupar cómo conseguiría hacer todo eso en casa, donde carecía de las ayudas mínimas necesarias, incluyendo una cama articulada o con un apoyo superior para poder asirme. Mi mente se mantenía ocupada, la mayor parte del tiempo, buscando posibles soluciones para los próximos días. También empezaba a darle vueltas a la necesidad de contar con un sillón reclinable y algunos dispositivos esenciales en la casa de Louro.

Una de las primeras cosas que hice, cuando pude andar, fue acercarme a lavarme los dientes. Ya me movía con cierta independencia, aunque sin soltura alguna. Mi técnica para levantarme era cada vez más precisa.

Acercarme al lavabo fue una tarea ardua, pero sentir el frescor de la pasta de dientes fue una sensación maravillosa. Sin embargo, el gesto de llenar un vaso con agua y llevarlo a la boca fue bastante difícil y más aún escupir el agua sin poder inclinarme. Aun con todas las dificultades, era la envidia de Silvia y Pablo, que seguían mis movimientos desde sus camas y anhelaban también sentir el frescor de un cepillado de dientes, después de casi cinco días acostados.

También había mejorado sensiblemente en la higiene. Tras desplazarme a la ducha, me sentaba en una silla y me pasaba una esponja jabonosa desechable, con mucho cuidado y más lentitud, pero, al fin y al cabo, una higiene mucho más personal e independiente.

Parecía también un buen momento para afeitarse, lo cual tampoco estuvo exento de complicaciones al tener que hacerlo en posición totalmente erguida y con una mano, mientras la otra ayudaba a mantener el equilibrio, pero aquello mejoró notablemente mi confort y mi aspecto.

Silvia progresaba con más lentitud y dificultad: la lesión de sus vértebras lumbares parecía más seria (de hecho, aparecía la palabra "estallido" en el diagnóstico, que resultaba poco tranquilizadora). Tenía la clavícula rota, además del esternón y las costillas, con lo que su estado físico era el peor y su recuperación acumulaba mucho retraso, al no poder utilizar corsé y depender de la cirugía. Cada día se estaba haciendo más difícil, pues apenas dejaban incorporar unos grados la parte superior de su cama.

Pablo lo llevaba mucho mejor, a pesar del riesgo de su lesión. Ya más cerca de la intervención y con un cuerpo joven, que iba respondiendo bien, el interés se centraba en saber cómo sería su vida en los próximos meses, con el dispositivo que le iban a instalar. Fue entonces cuando, curioso por el aspecto de Pablo en los próximos días, busqué "halo craneal" en internet. En mi teléfono pude ver un vídeo de un niño, con un aro atornillado a su cabeza, colgado de una cadena, divirtiéndose mientras jugaba con su cuerpo como si fuera un péndulo.

El vídeo resultaba de principio a fin hilarante, que es lo peor que le puede ocurrir a alguien con fracturas en el tórax, por el inmenso dolor que produce la risa. De hecho, en mi experiencia, puedo decir que solo hay una cosa peor a una carcajada: un estornudo. Recuerdo que me bastó un furtivo estornudo para experimentar un dolor casi tan alto como el de los "chispazos" de la vértebra. Nunca más me pillaría desprevenido otro estornudo en los meses siguientes: morderse el labio superior, presionarse con el índice la base de la nariz y otras técnicas militares me resultaron útiles para mitigar cualquier amago. Pero en aquella ocasión, el niño-péndulo del halo craneal me sorprendió ciertamente desprevenido.

Intenté mitigar la risa, a la vez que el dolor hacía fluir algunas lágrimas en mis ojos. Todo ello despertó sobremanera la curiosidad de Pablo y Silvia. Desde sus lechos, imploraron que compartiese el vídeo y se lo envié, a sabiendas de que, instantes después estarían, conmigo, intentando aplacar la risa y el inmenso dolor que ella conllevaba. No se hizo esperar la mezcla de hilaridad y dolor que se apoderó de Silvia y Pablo en cuanto contemplaron la escena del niño-péndulo. Por culpa de ese vídeo, pasamos unos momentos inolvidables de dolor y risa, al mismo tiempo.

Después, indagando un poco más, encontramos unas imágenes más cercanas a lo que sería el halo-chaleco, que iba a llevar Pablo durante los próximos tres meses. Resultaba preocupante ver cómo suponía un auténtico "andamio" que iba desde la parte superior de la cabeza hasta prácticamente el abdomen. Un dispositivo que formaría permanentemente parte de Pablo durante alrededor de diez semanas.

El domingo por la tarde recibimos la visita de Suso de Toro y Tere, a quienes contábamos como vecinos en nuestra casa de Louro. Suso era un personaje muy conocido por su trayectoria como escritor y colaborador en varios medios de comunicación.

La casa de Louro era una segunda residencia, un sueño que perseguíamos desde hacía bastantes años, con el anhelo de retirarnos algún día a la vista de la ría de Muros, del Monte Louro y del océano. Desde que nos instalamos en Louro, comprobamos qué agradable era el lado humano de Suso y Tere, y comprobamos también su generosidad. Fue siempre una relación muy enriquecedora y un privilegio poder contar en las escapadas a Louro con su vecindad.

En el transcurso de la visita, nos ofrecieron su casa en Santiago para que yo me instalara hasta el día de la intervención de Silvia y para que ellos pudieran atenderme mientras yo estaba solo. Es un gesto que agradecí de corazón, pero siempre me he sentido mucho más a gusto en mi casa, a pesar de todas las dificultades que ello supusiese. De hecho, tenía ganas de superar aquellas dificultades en Louro, convencido de que la tranquilidad de no molestar a nadie compensaría la incomodidad de tener que sobrevivir solo.

Pasó a visitarnos mi prima Mari Carmen. Venía con la idea de sacarnos una foto para compartir con la familia, pero no se lo permitimos: cuando uno está en estos momentos de lucha y físicamente tan desarreglado, lo que menos necesita es un reportaje. Mari Carmen quería ayudar, además de con su oración, con cualquier cosa que fuera posible. Nos visitó en varias ocasiones, aprovechando que estaba esos días en un pueblecito de A Coruña. Ante mi alta inminente, se ofreció a hacer un par de recados logísticos, incluyendo la adquisición de un adaptador para el baño en una ortopedia cercana, y me prestó dinero en metálico, indispensable para mi inminente reinserción social.

Domingo de Resurrección y yo también estaba casi listo para volver al mundo.

19. El día de la esperanza

«El día más feliz de tu vida es la víspera» leí en algún sitio. Ya sé que la referencia no es muy concreta, pero vamos a la idea: las expectativas nos hacen disfrutar de las cosas buenas. Muchas veces, con más intensidad de lo que lo hacen después los hechos. Por ejemplo, siempre he pensado que, para mí, la parte más emocionante y divertida de un viaje o de unas vacaciones es disfrutar de la emoción de prepararlo, de decidir los destinos y lo que queremos ver. Como inciso, es necesario decir, al hilo de este ejemplo, que ni Silvia ni yo somos amigos de los "tours enlatados". Esperar un hijo es otro ejemplo de cómo las expectativas nos producen ya buenos momentos muchos días antes de que ocurra un acontecimiento tan vital.

El lunes, día diez de abril de dos mil veintitrés, fue el día de la esperanza y empezamos ya a disfrutar de las expectativas. Me confirmaron que me darían el alta al día siguiente (de hecho, me dijeron que podría haberme ido a casa ese mismo lunes, pero ante la perspectiva de quedarme solo, sin ayuda alguna, opté por aprovechar la oportunidad de quedarme en el hospital un día más). Era, por tanto, el día de los recados y últimos preparativos para la "nueva vida": le pedí a María que me trajese de Louro ropa interior, una camisa azul que tenía en el armario, unos zapatos, una camiseta gris de *Pepe Jeans* y un jersey. Había pensado que podría ponerme la camiseta debajo del corsé y la camisa por encima. Así lo haría durante las próximas semanas.

Silvia aprovechó para pedir un libro para leer: *Violeta y Nicanor*, de Patricia Cerdá. Este libro, regalo de nuestros amigos chilenos Teo, María Elisa y Héctor, narra la vida de Violeta Parra y de su hermano. Habíamos visto la película *Violeta se fue a los Cielos*, de Andrés Wood, en Antofagasta, en uno de nuestros viajes a Chile y fue una historia que nos cautivó, como todo lo que hemos ido descubriendo en aquel maravilloso país desde que aterrizamos en nuestra primera estancia, allá por mil novecientos noventa y ocho. Tras un cuarto de siglo y varios viajes y colaboraciones con nuestros amigos de la Universidad de Antofagasta, generamos unos vínculos imborrables, que unieron ya para siempre nuestro destino con los que son ahora nuestra familia chilena.

Además de estancias de trabajo cruzadas en la Universidad de Antofagasta y en la Universidad de Valladolid, compartimos con María Elisa, Teo y Héctor unos viajes plagados de anécdotas maravillosas, que nos llevaron a lugares tan inolvidables como Venecia, Lisboa, Machu Picchu, el glaciar Perito Moreno, el parque de las Torres del Paine, Punta Arenas, o Atacama. Hicimos también maravillosas rutas en coche por Galicia, Extremadura, Portugal, Castilla, La Alberca... Después de varios años desde nuestra última visita, teníamos ya todo previsto para viajar a Chile en mayo de dos mil veintitrés, esta vez acompañados de María, y hasta teníamos tres billetes de avión en *Latam* para disfrutar del once al veintiuno de mayo. Siempre que podíamos, escogíamos esta compañía (antes *Lan Chile*) para viajar a Antofagasta y fue algo que agradecimos, pues el accidente frustró el viaje y la compañía aérea fue comprensiva con nuestra situación: después de analizar un sinfín de informes médicos sobre nuestra imposibilidad para viajar, tuvieron la cortesía de devolvernos el elevado importe de los pasajes.

El lunes era el día de la esperanza, también, porque era el día previo a las cirugías. Aunque la intervención quirúrgica es solo el principio de la recuperación y ni siquiera hay garantía de que vaya a ir bien, para un accidentado es el primer hito, que pone el cronómetro de la siguiente etapa en marcha y, por lo tanto, algo muy anhelado. Silvia y Pablo iban a cumplir una semana sin poder moverse del lecho. Las molestias con el inmovilizador de Pablo se habían atenuado, pero no habían desaparecido. No obstante, se había podido adaptar. Por entonces, Silvia apenas podía mover los brazos. Aún no se le permitía ni siquiera incorporarse más de treinta grados de inclinación. Con la clavícula y la columna en ese estado seguía siendo, con mucho, la peor de los tres en esos momentos.

Ambos estaban pasando un sinfín de penalidades asociadas al hecho de permanecer encadenados a un lecho, aunque solo fuera por unas vías y el oxígeno. Una de las más complicadas de superar fue el tener que usar la odiada "cuña" por no poder ir al baño. Junto con los momentos del aseo matutino o el batín quirúrgico, de culo al aire, se trataba de otro mazazo a la dignidad, si es que por entonces quedaba alguna.

La tarde del lunes fue muy tranquila, sin apenas visitas, centrados en la lectura (Silvia) y en las películas (Pablo). Manteníamos también un humor excelente, a tenor del mensaje de bromas que envié a mi madre y hermanos, cuando preguntaban a qué hora eran las operaciones, si necesitábamos algo y qué podían hacer:

— A rezar, a flagelarse, a machacarse… os hacéis el pasillo de rodillas tres o cuatro veces, … o lo que queráis. Como en la intervención no les van a quitar huesos, no os puedo guardar ningún recuerdo de las operaciones, pero si sobran palitos o jeringas del hospital, os los guardo —les comentaba como colofón a un mensaje de vídeo en el que les persuadía para que no viniesen al día siguiente, pues preferíamos estar tranquilos.

— ¿Qué llevas en el cuello atado? —preguntaba mi hermana Marigel al ver mi gracioso lazo del batín quirúrgico, el cual me había atado según mi innovadora técnica para afectados torácicos.

— El cordón del batín, que me lo ato yo solo —le contesté.

El plan para el día siguiente era que a las 8 bajarían a Silvia al quirófano y al acabar, bajaría Pablo. Después pasarían por la sala de despertar y subirían a la habitación alrededor de las tres de la tarde. A mí me darían el alta, probablemente, por la mañana. Si todo iba bien, me iría a Louro.

No teníamos familia en Santiago y María tenía que reincorporarse a su puesto de trabajo en Madrid. Por otro lado, la movilidad de Silvia y Pablo era nula y el personal del hospital apenas da abasto para atender a todos los pacientes. Por eso, habíamos contado con que necesitaríamos ayuda para los días posteriores a las intervenciones. Buscamos en el tablón del hospital, donde se anuncian personas dispuestas a ayudar con los enfermos. Así, encontramos a Isabel y acordamos con ella que vendría a ayudar a Silvia y a Pablo a la hora de las comidas. Además, estaría atenta por si era necesario hacer algunas horas extras por la tarde, después de las cirugías. Isabel, como seguramente las personas que habitualmente se anuncian en los hospitales, conocía muy bien los entresijos del funcionamiento de la planta de traumatología y como la experiencia enseña más que los libros, también tenía (en el caso de Isabel era muy notable) bastante conocimiento sobre el trato de los pacientes. Cuando hacía falta algo (toallitas, servilletas, un vaso…) sabía rápidamente cómo conseguirlo.

Aprovechando mi movilidad, pudimos enviar una foto a la familia en la que se reflejaba el buen ánimo que teníamos. Mi hermana Marigel comentó:

— ¡Me alegro de veros tan animados y con tanta fuerza!

20. La intervención de Pablo

Aquel martes, Pablo se despertó con los pasos de la enfermera que, siguiendo la rutina diaria, entraba en la habitación a administrar la medicación matinal. Como pacientes experimentados, los tres sabían que eso ocurría entre las seis y las siete de la mañana, antes del desayuno. En otras ocasiones, Pablo esperaba este momento despierto porque el último analgésico se había puesto ocho horas antes y, aunque solían dejar una pastilla de "rescate" por si había dolores por la noche, lo habitual era intentar dormir hasta la hora de la primera medicación.

Pero, por fin, era el día previsto para las cirugías. Así que, cuando entró la enfermera en la habitación, colgó un cartelito en la cama de Pablo con la indicación «Ayuno», idéntico al que instalaron en la cama de su madre.

Una mezcla de ansiedad y nervios se instalaría en el estómago de Pablo, en sustitución del habitual café con galletas. El día anterior habían venido a afeitarle la cabeza y dejar todo listo para la intervención. Ante la posibilidad de mantener algo de cabello en la parte superior del cráneo, que no estorbaba para la colocación del halo, Pablo había decidido rasurarse la cabeza por completo, pensando que era la alternativa estéticamente más defendible.

— Después de haber vivido esta experiencia, cuando dentro de unos meses esté en Corea o Hong Kong, en un hotel de lujo, participando en alguna presentación con clientes, sabré valorar mucho más todo lo que supone tener todo aquello —reflexionó sobre las palabras que había compartido ya un par de días antes de la intervención.

Y es que la experiencia del accidente y el imprevisto giro que había tomado su vida en esos días también iba a darle una perspectiva inédita en sus veintinueve años de vida. La lesión era peligrosa, pero podría haber sido mucho peor, desde luego. Instantes previos al accidente, en la rotonda antes de enfilar la recta en la que se produciría el impacto, había salido del adormilamiento y recordado los consejos de un cursillo sobre seguridad vial que había hecho meses atrás. Se percató entonces de que estaba durmiendo en una postura demasiado peligrosa y la corrigió. De no haber pasado aquella idea por su mente, las consecuencias del impacto podrían haber sido fatales. En fin, ahora tocaba esperar que todo fuese bien en la intervención y volver a la normalidad lo antes posible.

A las ocho de la mañana bajaron a su madre, con la incertidumbre de si sería finalmente intervenida, pues justo el día anterior se había convocado una huelga de médicos. El equipo de traumatología, dirigido por el doctor Díez Ulloa (a quien, por abreviar, llamábamos doctor Ulloa), había confirmado que estarían en quirófano, pero la duda era si contarían con un médico anestesista, que era solo necesario para la intervención de Silvia. Era inconcebible pensar que un accidentado, que lleva una semana postrado en una cama, estuviese pendiente de si un anestesista está en huelga o no y que no se incluyese en los denominados servicios mínimos una operación de un accidente de tráfico, cuyo grado de urgencia es indiscutible. Pero esa era la situación en esos momentos.

Para Pablo, ya estaban superados aquellos días en los que resultaba imposible dormir por la abrasión del plástico en la nuca, pero Pablo seguía sin acostumbrarse a los incómodos colchones de la planta de traumatología. Seguía añorando la comodidad de las camas de la unidad de reanimación, más modernas y mejores.

También, el número de personal sanitario por paciente en planta es muy inferior al de las unidades por las que había pasado con anterioridad (unidad de críticos, el primer día, y de reanimación, posteriormente). Esto se hizo duro, porque no había contado con la ayuda que él hubiera querido para resolver el problema del plástico del dispositivo inmovilizador. Habían sido cinco días en los que el equipo médico no había aparecido por allí, lógicamente, y esto había prolongado mucho más de lo deseable el sufrimiento después del accidente.

Hacía ya casi dos horas que su madre había sido bajada al quirófano, cuando irrumpió en la habitación un celador y desbloqueó las ruedas de la cama de Pablo, empujándola con habilidad con destino al quirófano. Eran momentos de nerviosismo tenso, a pesar de la confianza en el equipo médico. Para superarlo, intentaba usar su mejor arma: el humor.

El propio doctor Ulloa había pasado a explicar con claridad la intervención: se instalaría primero un halo circular metálico, que iría sujeto con cuatro tornillos directamente al cráneo. Posteriormente, se acoplaría un chaleco de fibra rígido, ajustado un poco más arriba de la cintura, con dos correajes en la parte baja de los costados y otros dos en la parte superior de cada uno de los hombros. El chaleco contaba con un forro de gasa en su interior y un añadido de piel de cordero, alrededor del cuello. A la altura de los omóplatos, salían dos barras de unos cincuenta centímetros de longitud y poco menos de un centímetro de diámetro, que se unirían a la parte posterior del halo craneal mediante unas piezas que permitían cierto grado de ajuste, previo a su fijación permanente con tornillos. Otras dos barras conectarían la parte frontal del halo con el chaleco, a la altura del pecho. Toda la estructura se ajustaría para inmovilizar el cuello en una posición que permitiese corregir el desplazamiento producido en el accidente y así evitar una complicada y arriesgada cirugía. El armatoste iba a quedar fijado para los tres meses que estaba previsto que tuviese que estar instalado.

Durante el traslado en la camilla, tuvo tiempo para trazar un mapa mental del recorrido, en función de las esquinas que iban doblando cada vez que cambiaban de pasillo. El viaje terminó en un cuarto o sala de espera. Por el aspecto del techo, que es lo único que veía, era difícil de precisar. Allí Pablo se quedó a solas con el celador. Para aplacar un poco la tensión de ese momento, Pablo le preguntó el nombre:

— Me llamo Julio César – dijo el personaje.

— ¡Encantado!, yo soy Maximus Pablus Meridius, comandante de los ejércitos del norte —respondió Pablo, bromeando y evocando al actor Russel Crowe en la Película *Gladiator*.

El buen humor enmascaraba el nerviosismo y ayudaba a evadir las dudas sobre el curso de la intervención a Pablo.

Alrededor de las diez de la mañana confirmaron que no había anestesista y que, por lo tanto, no habían podido operar Silvia, a quien subían de vuelta a la planta. Aquello supuso un jarro de agua fría terrible para todos, pero lógicamente mucho más para ella. La intervención de Pablo no requería anestesia general y, en consecuencia, sí iba a llevarse a cabo según lo previsto. Parecía claro que iban a empezar con él en unos instantes.

Al entrar en el lugar de la operación comprobó que había varios miembros del equipo de traumatología, la mayoría significativamente más jóvenes que el doctor Ulloa y algunos de ellos, aparentemente, con menos experiencia.

— Probablemente son sus *Pokémon* –pensó Pablo.

No estaba muy desencaminada la comparación, pues los *Pokémon* eran criaturas que, una vez entrenadas, desarrollaban diferentes habilidades y permitían al entrenador enfrentar sus desafíos. De igual manera, aquellos médicos tenían como misión desarrollar sus habilidades y ayudar al entrenador a superar los desafíos.

Dado que no iba a aplicarse anestesia general, Pablo preguntó si se podía quitar la sonda vesical, algo por lo que venía clamando desde hacía días. De hecho, desde el momento de la "violación" en la unidad de críticos horas después del accidente, Pablo había pugnado por deshacerse de la maldita sonda. Una de las auxiliares le había persuadido el mismo jueves, al llegar a la planta de traumatología, de que no se la quitase, pues la iba a necesitar para la intervención quirúrgica y si se la quitaban, al volverla a poner, se solían producir infecciones y muchas molestias.

El problema fue especialmente puntiagudo aquella madrugada en la que Pablo se despertó por el dolor desgarrador de una erección con la sonda instalada. El grito de dolor despertó a su padre y a su madre, compañeros de habitación quienes, asustados ante tal violento alarido y la siempre próxima posibilidad de una lesión medular, preguntaron estupefactos qué estaba pasando. A sus padres les acabó resultando una situación cómica, "cosas de la edad", pero aquello no tenía una maldita gracia para Pablo, que hacía días que había empezado la cruzada contra la detestable cánula, a cuya inserción en su organismo se había opuesto desde el primer momento.

Las precauciones del personal auxiliar y el sufrimiento de Pablo durante los días previos a la intervención habían sido en vano, ya que finalmente no era necesario mantener aquella exigua desembocadura de su uretra en una bolsa, la cual era cuidadosamente escrutada y cubicada cada mañana. Así que, en ese mismo instante, se la quitaron. Al tiempo que el personal sanitario extraía la cánula, Pablo experimentó un cóctel de sensaciones en las que se mezclaba dolor, grima y alivio al mismo tiempo, con un agradable regusto final a liberación.

Mientras, ya en el quirófano, el doctor Ulloa explicaba a su equipo cada paso que daban en la intervención y, tras aplicar anestesia local en los puntos de fijación del halo, previamente marcados con suma precisión, se inició el proceso de implante de los tornillos.

No sentía dolor, pero a medida que el material de los pernos iba penetrando en sus parietales, aquello se convertía en una situación bastante desagradable. Era un repulsivo sentimiento de grima producido por los sonidos que se transmitían por su cráneo, junto con el del instrumental que estaba utilizando el equipo médico.

Se sintió especialmente incómodo con el halo instalado. Pero aquello era solo la primera fase. Poco después, con el chaleco y las barras acopladas, se notó por primera vez con la parte superior de su cuerpo totalmente inmovilizada, aun sin fijar la posición final del dispositivo.

Los siguientes pasos fueron los más complicados: tras un ajuste preliminar, una radiografía evidenciaba el estado de la vértebra. El propio Pablo pudo ver en la imagen la magnitud del desplazamiento y se sintió alarmado. No había que tener estudios en medicina para saber que la posición de aquella vértebra tenía muy mala pinta. El equipo médico, entonces, corrigió con cuidado la posición del cuello, reajustando las barras delanteras y traseras del artilugio. Hicieron una nueva radiografía, pero la posición de la vértebra estaba lejos de ser aún aceptable.

El doctor Ulloa dio una instrucción clara a todo el equipo.

— Vamos a intentar forzar un poco más. Salid mientras hacemos otra radiografía.

Pablo pudo sentir cómo el doctor se ayudaba con su rodilla para intentar forzar un poco más la posición de su cuello y evitaba a su equipo (no a él) recibir la dosis de radiación de una nueva radiografía. Este procedimiento se repitió en varias ocasiones, hasta que la posición de la vértebra parecía perfecta. Pero en esas circunstancias Pablo sintió que no podía tragar saliva.

Si la posición del cuello es tan forzada que no es posible tragar saliva, se corre el riesgo de ahogamiento, además de la imposibilidad de deglución, por lo que aún fue necesario relajar un poco más la posición y así se fijó permanentemente la posición, y pudieron dar por finalizada la operación.

Ya en la habitación de nuevo, pasadas las doce y media de la mañana, Pablo encontró a sus padres ansiosos por noticias sobre el resultado de su intervención. Restaba aún por ver una última radiografía, para ver cómo había quedado la posición finalmente, tras la última corrección para que pudiera, al menos, tragar saliva.

Mientras, sus padres seguían haciendo gestiones a través de un viejo conocido anestesista jubilado de Valladolid, a quien habían contactado para ver si conservaba algún contacto en el Hospital Clínico de Santiago de Compostela. Una tercera persona había conseguido llegar al jefe del Servicio de Anestesiología, quien estaba esa mañana afrontando una jornada muy complicada y no había dado una respuesta definitiva. Mientras, el doctor Ulloa esperaba, para explotar cualquier mínima posibilidad de contar con anestesista antes del final de la jornada.

Pablo pensó que, además del calibre como médico y científico del doctor Ulloa, éste era un profesional de una calidad humana sobresaliente. Solo así podía entenderse que permaneciese al lado de su paciente, mientras daba instrucciones a su equipo para que no recibiesen la radiación de las reiteradas radiografías, o que se mantuviese a la espera de cualquier mínima posibilidad de realizar una intervención (la de su madre) a costa de su valioso tiempo.

Finalmente, los esfuerzos por encontrar un médico anestesista no dieron fruto, y la intervención de Silvia fue pospuesta hasta el jueves. La incertidumbre de si la huelga volvería a afectar de igual manera en esa nueva fecha hizo que se explorasen otras opciones posibles, como era el traslado a León, pero encontrar un hueco en un quirófano en cuarenta y ocho horas era una misión muy complicada, además de las dificultades para trasladar a una persona en sus circunstancias. Quedaba entonces digerir la indignación y armarse de paciencia, un arma que iba a ser extremadamente importante los meses siguientes.

Poco después de la intervención, las cosas no iban muy bien para Pablo, quien se había empezado a agobiar por la dificultad de tragar en una postura que, en todo caso, había quedado muy forzada. Le parecía imposible vivir así los próximos tres meses. Con ello, después de las primeras buenas sensaciones, la preocupación se empezó a extender como una sombra por Pablo y sus familiares.

Pablo insistía en que así no podía vivir y en que necesitaba volver a ver al médico. Los esfuerzos de sus padres por mantenerle animado e intentar que se calmase, eran en vano. Ya por la tarde, volvió a pasar el doctor Ulloa y le ajustó una vez más la posición del dispositivo, pendiente en todo caso de una radiografía, que confirmase si la posición final era aceptable. El primer paso entonces era recuperar el ánimo que tenía antes de la intervención y que se había desvanecido por todas las dificultades que habría tenido que enfrentar. Después, tendría que iniciar el largo camino de su recuperación física.

Pablo pasó muy mala noche y aún requirió un ajuste adicional del dispositivo. Después de todas las iteraciones, la posición final de la vértebra era casi perfecta y al mismo tiempo le dejaba respirar y tragar con una cierta normalidad. A pesar de lo atroz de aquel nuevo aparato de tortura al que estaba atornillado para los próximos tres meses, ya sin las ataduras de la sonda vesical, podría recorrer el mundo. Empezaba a tener motivos convincentes para abandonar la desesperación y el pesimismo al que le había llevado la instalación del halo-chaleco.

Ya de mañana, decidió salir de la habitación, explorando el hospital en busca de un buen desayuno. Acertó a subir a la última planta, para dar con la cafetería para médicos y personal sanitario. Sus jugos gástricos se activaron con el olor de los croissants y la bollería, mezclado con el aroma del café recién hecho, que percibió apenas salió del ascensor. Estaba dispuesto a darse un homenaje con un desayuno que compensase todas las penurias de los últimos días, cuando le indicaron que no servían a los pacientes.

Aquello le sorprendió e indignó a partes iguales. No obstante, no había sido un ejercicio extraordinario de pericia del empleado de la cafetería: a pesar de que Pablo no llevaba una de las ridículas batas de hospital, estaba usando un pantalón de pijama, que no era el de un pijama de médico. Esto ya habría hecho sospechar a cualquier camarero avispado, pero si le sumamos el chaleco, los hierros y el halo atornillado al cráneo, era evidente que se trataba de un paciente desubicado.

Pero no tiró la toalla: expulsado de la cafetería exclusiva para el personal sanitario, Pablo se dirigió a la planta baja, a la cafetería del hospital. Se puso a la cola con su bandeja, mientras pensaba qué iba a desayunar. No era una opción tan buena como la cafetería de la planta superior, pero había una oferta más o menos interesante de bollería, zumos, bocadillos y por supuesto, café recién hecho.

Le pareció indignante que no le sirviesen, pues también allí le identificaron como paciente. Obviamente, en un hospital en los que los pacientes están sujetos a dietas personalizadas (algunos en ayuno, eventualmente) es algo que a todas luces parece razonable, pero no fue algo fácil de asumir para él, que regresó más irritado que nunca a la habitación. La parte buena es que le iban a dar el alta y a partir de ese momento iba a poder comer lo que le viniese en gana.

El siguiente objetivo, recuperar la libertad, siguiendo los pasos de su padre, quien estaba ya instalado de nuevo en Louro.

La tarde y la noche del miércoles fueron muy complicadas: la posición forzada que le imponía el halo-chaleco le estaba generando dolorosas contracturas.

Aunque María ya no estaba en Galicia y se habían reducido las visitas de familiares, Nuria (la hija de Concha y Moncho) se pasaba asiduamente por el hospital, y también lo hacían Suso de Toro y Tere, que aquel día pasaron por la mañana y aún volverían por la tarde con unos croissants para Pablo (tras saber de su excursión por las cafeterías) y un cupón de la ONCE.

No era mala idea la de participar en sorteos en esos momentos en los que claramente Pablo, Silvia y Javier habían sido tocados por la diosa fortuna. No existe un momento particularmente mejor para comprar lotería en función de las circunstancias personales. Pero, ¿quién sabe? ¡Cuesta tan poco probarlo!

Suso y Tere se convertirían en unas visitas frecuentes y muy apreciadas en esas complicadas jornadas de hospital. Llevaron consigo algunos ejemplares de los libros de Suso, como fueron *Calzados Lola*, *No vuelvas* y *Fuera de sí*.

Se trataba de un momento excepcional para entregarse a la lectura y esos tres títulos tenían muchas cosas en común. *Calzados Lola* narraba una entrañable historia que se desenvolvía entre Madrid y Muros. Era el relato perfecto para aquel momento. *No vuelvas* y *Fuera de sí* también se desarrollaban en el cautivador entorno de la Galicia rural, y en cierto modo, hablaban de "viajes de vuelta", como el que Pablo, Silvia y Javier estaban entonces emprendiendo desde hacía apenas una semana.

Los tres encontraron en el accidente una oportunidad para conocer mucho mejor la obra de su vecino escritor. Más adelante, Suso aún les obsequiaría con ejemplares de más publicaciones, como *Un hombre sin nombre* y *Cuenta saldada*, y otros títulos, que se unían a los que ya descansaban en la entonces incipiente biblioteca de la casa de Louro, que habían sido adquiridos recientemente por la familia (*Polaroid* y *Dentro de la Literatura*) o que lo serían casi de forma inmediata (*Trece badaladas* y *Un señor elegante*).

Pero, por encima del ya extraordinario obsequio que es la literatura, Suso y Tere llevaron consigo aquellos días y en los meses siguientes, durante la convalecencia, una cálida y enriquecedora compañía, que seguramente acabaría ocurriendo de igual manera con los años, pero que el accidente aceleró sobremanera. A la postre, sería una de las primeras cosas buenas que les pasaron a Pablo, Silvia y Javier.

Volviendo a la habitación 405 de la planta de Traumatología, en el Hospital Clínico de Santiago de Compostela, Pablo y Silvia descansan aquel lunes tras haber corrido suertes muy diferentes.

Con libros, unos buenos croissants, buena compañía, y ya con su intervención finalizada, Pablo se disponía a empezar otro capítulo en su vida. Su particular "viaje de vuelta" había comenzado.

21. De vuelta en Louro

En el mismo momento en el que Silvia subía a la habitación, tras el fallido intento de intervención del martes, yo estaba esperando el alta del hospital. Ya con la ropa de calle que me había traído María, decepcionado por lo injusto que resultaba el aplazamiento de la operación de Silvia, esperaba con la misma ansiedad mi alta y el resultado de la intervención de Pablo.

Las lesiones producidas en la columna de Silvia en el accidente eran motivo más que justificado para una operación urgente, pero los días festivos que habían transcurrido habían acabado por enmascarar esta urgencia. La decisión no podía resultar más injusta.

María había tenido que regresar a Madrid, a la clínica veterinaria en la que trabajaba, así que había dejado a Piña en nuestra casa de Louro. El plan, entonces, era que yo pasase los siguientes días con el felino, que apenas requería cuidados, más allá de servirle una ración de comida tres veces al día. Para esta misión, María había dejado unas latas de algo que olía bastante bien para ser comida de gato.

En cuanto a Taika, que requería mucha más actividad, incluyendo paseos y ejercicio, seguiría en casa de Dini, con sus hijos, María y Xoan. Las imágenes que eventualmente llegaban de Taika a nuestros teléfonos, en la playa, de paseo por el monte, ..., hacían ver que se encontraba bastante cómoda con la situación y que no había mucha urgencia en cambiar eso, por ahora.

Poco después de las tres de la tarde ya me dieron el alta. En el hospital se quedaban Pablo y Silvia, con la ayuda de Isabel para los momentos de mayor necesidad, aunque Pablo era prácticamente independiente con su halo-chaleco.

Silvia tenía sentimientos mezclados de decepción y esperanza. Soportar dos días más postrada en la cama era un castigo, pero si había resistido ya seis días, podría hacerlo otros dos. La esperanza de la intervención se veía un poco empañada por la huelga de médicos, si bien el equipo del doctor Ulloa había propuesto una solución más clásica: un corsé rígido de escayola y fibra, que era una medida que se utilizaba en el siglo pasado. Se trataba de una opción mucho más incómoda, por tratarse de una inmovilización rígida externa, pero al fin y al cabo un plan alternativo, en caso de que no hubiera otra posibilidad. Al final, siempre cabía la duda de si el sistema de inmovilización no acabaría siendo una solución mejor. Estábamos en manos del destino.

Me tocaba abandonar el hospital y en aquellos instantes sentí bastante lástima por Silvia, que, una vez más, seguía siendo la más perjudicada del accidente. Ahora, casi una semana después, añadíamos la incertidumbre sobre el tipo de intervención. Allí quedaba, en la cama sin ningún avance significativo desde el día del accidente, una semana después.

Dejaba a Pablo también en un estado muy preocupante, porque se quejaba entonces muy amargamente de que apenas podía tragar y sentenciaba que no podía vivir así. El aspecto del halo-chaleco, una vez instalado, era mucho más perturbador de lo que indicaban las imágenes que habíamos buscado en internet. Los cuatro tornillos que se introducían en el cráneo quedaban disimulados por unos bloques de metal y un armatoste que no parecía compatible con acciones como dormir en una cama o sentarse en un sofá.

Con estas preocupaciones tuve que dejarles, casi con remordimiento de última hora por no quedarme allí a su lado, aunque por mi estado, poco podía hacer.

Concha y Moncho me estaban esperando ya cuando me dieron el alta. No pudieron ser más atentos aquellos días. Con la ayuda de una silla de ruedas, me bajaron hasta la puerta del hospital.

Eran poco más de las cuatro y media de la tarde cuando llegamos a Muros e hicimos la primera parada en la farmacia, para hacer acopio del arsenal de medicamentos que me habían prescrito.

Ya aparcados, esperamos en el coche Concha y yo, mientras Moncho se acercó a por las medicinas. Por absurdo que pueda parecer, mi tarjeta sanitaria (del Sistema de Salud de Castilla y León) no era válida para retirar las prescripciones del sistema sanitario de Galicia, por lo que no contaría con los remedios necesarios para mi convalecencia. ¡Qué desafortunadas son las consecuencias de que cada comunidad autónoma haya empleado dinero público para desarrollar un sistema independiente y desconectado de receta electrónica! Pero era así. Más adelante, comprobaría que el despilfarro público había llegado a la denominada Historia Clínica Electrónica, de manera que mi médico de cabecera en Valladolid no podía acceder a las pruebas médicas que me habían hecho en el Hospital de Santiago. Resultaba tan absurdo, que parecía inverosímil.

Me molestó sobremanera esta ineptitud de las administraciones, porque he dedicado mi vida a intentar evitar estas cosas y este es el peor ejemplo de lo que supone una falta de coordinación, la primacía de intereses localistas y, sobre todo, la poca visión de los responsables de la implantación de aplicaciones, hasta el punto de perjudicar directamente a los usuarios.

Probamos en una segunda farmacia, donde excepcionalmente accedieron, dadas las circunstancias y mi estado, a adelantarme algunos analgésicos y la heparina necesaria para esa noche.

La tercera parada fue en la óptica, para encargar unas gafas nuevas, ya que las anteriores se habían roto en el accidente. Había pedido la graduación a mi óptica en Valladolid, así que no tuvimos más que elegir una montura por consenso, para lo que agradecí las opiniones de Concha, que estaba conmigo e intercambié algunas fotografías con Silvia y Dini.

Al llegar a casa ya tenía un andador, una silla para la ducha (ambas prestadas por Dini y Concha, pues eran de su madre) y por supuesto, el adaptador para la taza del inodoro, que me había conseguido mi prima Mari Carmen. Había encargado ya un asa que se sujetaba con ventosas, para instalar en la pared de la ducha. También había pedido, ya desde el hospital, unos presupuestos para comprar un sillón reclinable a *Mobelrias O Queimado*, de Muros. Este era un establecimiento con una exposición muy variada y pudieron ofrecerme varias alternativas. Al día siguiente iría a la tienda a probar y tomar la decisión definitiva. Así que prácticamente tenía todo para sobrevivir en casa los próximos días.

El principal problema era, precisamente, buscar un lugar para apoltronarme las horas de convalecencia que tenía por delante, pues la cama de casa no era articulada y en los sofás no podía ni siquiera sentarme. Para solventarlo, subieron una silla del piso inferior, pensando que podría ser una solución temporal, hasta que tuviéramos el sillón reclinable. Dini me puso la primera inyección de heparina fuera del hospital y me dejaron algo de cenar.

Antes de irse, Moncho me dejó instalada una soga, de unos dos metros de longitud, atada a la manilla de la puerta del baño. La idea era que, con la ayuda de esta cuerda, podría acostarme y levantarme de la cama, lo que por entonces era un verdadero reto, pues la técnica que había desarrollado en el hospital no era aplicable en casa, sin cama articulada ni un asidero superior.

Eran reticentes a irse y dejarme solo, porque no parecían tener mucha confianza en mis habilidades, pero tras reiterar mi promesa de que les llamaría en cuanto necesitase algo, por insignificante que fuera, se marcharon.

Cenamos Piña y yo, tomé el analgésico siguiendo la rutina del hospital, y me fui a acostar, para pasar mi primera noche en casa. La cuerda con la que me iba a ayudar era suficientemente larga para llegar con dos cabos prácticamente a la cama. Ponerme la parte superior del pijama fue relativamente sencillo: las fracturas torácicas generan un dolor muy controlable, que depende bastante de los movimientos y, por tanto, se puede gestionar con cuidado.

Otro tema totalmente distinto fue ponerse la parte inferior. Cosas que hasta entonces habían sido cotidianas, me resultaban ahora retos inasequibles. Era, por ejemplo, imposible agacharse y menos intentarlo sentado, así que el proceso pasaba por asir el pantalón del pijama de la parte superior izquierda y dejarlo caer hasta donde el brazo pudiese, dado que la columna estaba erguida e inmovilizada. Introducir la segunda pierna era mucho más complicado y exigía levantar el pie al menos unos centímetros del suelo, lo que suponía un ejercicio al límite de mi capacidad física en esos momentos. Esta operación requería su tiempo, pero, al fin y al cabo, era uno de los primeros retos que tendría que ir superando y tiempo era lo que me sobraba en esos momentos.

Ya con el pijama, me instalé el corsé para asegurar una mejor inmovilización, me aferré a la cuerda y me senté en la cama, en una posición bastante oblicua, para que al reclinarme para atrás mi cabeza quedase cerca de la almohada. Intenté girarme un poco más, pero un chispazo de dolor me recorrió todo el cuerpo. Estuve inmóvil unos minutos hasta que decidí, ayudado de la cuerda, dejarme caer hacia atrás mientras intentaba mantener en bloque todo el cuerpo.

Sentía que aquello era algo que tenía que conseguir hacer por mí solo, así que cogí aire y poco a poco fui soltando cuerda, manteniendo todo el peso de mi cuerpo en los brazos. Intentaba aguantar el dolor de mantener las piernas lo más rígidas posible, para que fueran levantándose a la vez que mi cuerpo se vencía hacia atrás. La tensión en los brazos y en la cuerda controlaba el nivel de dolor que podía soportar.

Ahora, y a pesar de todas las deficiencias de aquel trozo de espuma bajo plástico, echaba de menos la cama reclinable del hospital, en la que mi tronco encontraba el respaldo elevado y podía descansar el peso de la espalda mientras me agarraba al asidero superior para colocar el cuerpo lentamente encima del colchón.

Ya tumbado en la cama, en una posición lejana a la ideal, pero horizontal al fin y al cabo, quedaba dejar los cabos de la cuerda enganchados en el cajón de la mesita de noche. Ese era otro reto, con el que no había contado, dada mi exigua movilidad y mucho menor capacidad de torsión en aquellos momentos. El intento resultó en un cabo por los suelos y otro sostenido de muy mala manera, pero, al menos, al alcance de la mano. Pensé que ya vería el modo de resolver aquello por la mañana y cerré los ojos para, por fin, descansar.

Durante la noche, Piña se atrevió a venir a la cama y se subió entre mis inmóviles piernas.

A la mañana siguiente tendría que hacer la operación de levantarme de la cama con un solo cabo: más difícil todavía. Pero todo fue cuestión de dolor y de tiempo. También me llevó dolor y tiempo aprender a vestirme y asearme en aquellas condiciones, pero fui dando los pasos necesarios. La única excepción era ponerme los calcetines. Aquello requería una cierta articulación de la espalda y no pude hacerlo hasta pasadas unas semanas. Los primeros días, esperaba la ayuda de algún vecino o visita.

Levantarse y asearse, que supone apenas unos minutos para una persona con movilidad normal, me costaba prácticamente una hora. Por ese motivo y por el agotamiento al que llegué en solo unas horas en casa por los esfuerzos para consumar las tareas más elementales, decidí no ir al hospital el miércoles.

Aproveché la mañana para ir al Centro de Salud, solicitar una tarjeta de desplazado, la asignación de un médico de cabecera en Muros, acudir a su consulta, solicitarle la expedición de las recetas de los medicamentos que me habían prescrito en el hospital, regresar a la farmacia en la que habíamos estado el día anterior, y visitar *Mobelrias O Queimado* para decidir el modelo definitivo de sillón a instalar en casa. Dini y yo probamos varios sillones, que además de reclinarse hacia atrás y levantar las piernas, permitían inclinarse hacia adelante, facilitando que una persona con limitación de movimientos pueda sentarse y ponerse de pie. Prometieron instalar el sillón esa misma tarde, a primera hora, dadas las circunstancias en las que yo me encontraba.

Fue una mañana muy provechosa, gracias a que Dini tenía un coche en el que me resultaba menos complicado entrar, puesto que la posición del asiento era relativamente alta.

Entrar y salir del coche también llevaba su tiempo, pero cada vez me sentía más independiente y cada pequeño paso era una gran victoria y un motivo de felicidad. A pesar de las dificultades y de los dolores, estaba más animado que nunca para conseguirlo.

Por la noche decliné el ofrecimiento de Dini para ponerme la heparina. Ya había visto algún vídeo de cómo era el procedimiento para aplicársela uno mismo y no quería ser dependiente para ese asunto. Pero aquella sería mi primera "autoinyección", que es algo para lo que, en principio, no estamos preparados.

Así que, me procuré alcohol, algodón y una jeringuilla de heparina y en la cocina realicé por primera vez un ritual que se repetiría durante los treinta días siguientes, y alguno más. Yo sería, además, el maestro de ceremonias de una liturgia a la que se unirían Pablo y Silvia, ya que yo me encargaría también de sus inyecciones.

Extraje la jeringa de su envoltorio y la dejé preparada en la mesa. Después, apliqué alcohol en el algodón y busqué una zona, a unos cinco centímetros del ombligo, según las indicaciones del vídeo de demostración que había repasado anteriormente. Era necesario alternar el lado del abdomen en el que se aplicaban las inyecciones y le correspondía a la parte izquierda, según el protocolo del hospital, pues era un día impar en el calendario.

Se trataba de limpiar con el alcohol y pellizcar un pliegue de grasa del abdomen. Una vez decidido el punto del pinchazo, quité un pequeño protector de goma que cubría la aguja y volví a agarrar el pliegue de carne con la mano izquierda, mientras llevaba la jeringa con la derecha. Sentí el primer contacto de la aguja con la piel, y eso me hizo dudar un poco, pero aumenté la presión sobre la jeringa desobedeciendo a mi subconsciente y ésta penetró sin dificultad en mi cuerpo. Después, presioné el émbolo y vacié el contenido de la jeringa muy lentamente. Al terminar, saqué la jeringa y apenas noté un pequeño escozor.

A partir de ese día, fui depurando el ángulo de ataque de la aguja y la velocidad de descenso del émbolo para hacer de aquel ritual de la heparina un evento más o menos llevadero. Cuando llevamos a la farmacia las jeringas utilizadas, sumaban más de cien.

22. Amigos o curiosos

Mientras tanto, iban llegando de amigos y familiares más y más mensajes de ánimo y algunas llamadas de los que se iban atreviendo a contactar por teléfono. Aquellos momentos, en los que estábamos en un carrusel de emociones, no eran los más propicios para hablar demasiado, así que yo personalmente agradecía a los que usaban mensajes de texto o de voz y a quienes podía contestar en un mejor momento.

Nunca hubiera pensado que el apoyo remoto, que nos llegaba a través de mensajes, fuera tan importante para nosotros. El accidente había supuesto un enorme padecimiento físico, pero también estaba resultando muy exigente desde el punto de vista mental. La desconexión de las cosas que habíamos disfrutado cada día era quizá una de las peores causas del accidente, después del dolor de las lesiones y de la incertidumbre sobre el futuro. Así que, saber que había gente detrás, apoyando, nos daba una fuerza adicional para seguir luchando.

Fue muy importante y renovador recibir ánimos de los compañeros y excompañeros de trabajo en Valladolid, de amigos y de familiares, cada vez desde más lejos, a medida que la noticia se iba extendiendo. Nos hacían llegar su cariño y su preocupación por cómo estábamos y por lo que podíamos necesitar. Nos enviaban fuerzas e incluso nos decían, con infinito respeto, que no llamaban más a menudo porque no querían molestar. Esto era más que suficiente para sabernos bien acompañados.

Me sentí especialmente conectado con aquellos que habían tenido el sufrimiento y la enfermedad muy cerca. Su contacto resultó especial entonces. Y es que he experimentado que creamos vínculos más estrechos con personas con las que compartimos intereses y valores, aunque por supuesto la personalidad y la química personal tienen también mucho que ver.

De hecho, fui entonces consciente de la importancia de los vínculos que cada día creamos con algunas personas que nos rodean, particularmente en el trabajo, donde pasamos una gran parte de nuestro tiempo. Sí, creo que vínculos es la palabra más adecuada. Y esto me recuerda una escena que merece ser parafraseada ahora. Y me refiero al momento en el que el personaje de *El Principito*, de *Antoine Saint-Exupéry* le pregunta al zorro:

—¿Qué es crear vínculos?

—Verás —dijo el zorro—. Tú eres para mí, sólo un muchachito igual a otros y no te necesito para nada. Tampoco tú tienes necesidad de mí y no soy para ti más que un zorro como otro zorro cualquiera. Pero si creamos un vínculo, entonces tendremos necesidad el uno del otro. Tú serás para mí único en el mundo, como también yo lo seré para ti.

He comprobado (no me hubiera atrevido a citarlo sin haberlo contrastado) que la frase original del zorro emplea la palabra domesticar, dicha en primera persona. Aquí he creído más adecuado utilizar crear vínculos, aunque confieso que he dudado entre usar los términos sintonizar o conectar. La idea es la misma, con matices muy exquisitos y sutiles al mismo tiempo.

No obstante, la belleza inmensa de esas palabras en boca del personaje de Saint-Exupéry, como la de la mayoría de la historia de *El Principito*, está en la sencillez con la que describe la consecuencia de esos vínculos: el proceso de pasar de ser una persona cualquiera a convertirse en una persona única.

Se ha dado la coincidencia de que, en prácticamente todas mis etapas profesionales, he estado rodeado de un grupo de personas de una calidad humana impresionante. Junto a ellos, estuvieron también los amigos (esos que nunca fallan, aunque estén lejos). Todos se hicieron notar de manera muy especial en aquellos momentos complicados y convirtieron los mensajes en algo realmente importante para nosotros. El tiempo supo separar a los que se mantuvieron alentándonos hasta el final y con los que hemos cristalizado un vínculo ya irrompible.

Hubo un par de ocasiones en las que nos encontramos ante conversaciones un poco incómodas. Fue cuando el interlocutor pareció más preocupado por satisfacer su curiosidad que por nosotros mismos. Sus preguntas se centraban en conocer cómo había sido el accidente, cómo había quedado el coche…, en fin, en alimentar su propio interés. Y hay que reconocer que cuando mientras intentábamos mirar hacia adelante, eso nos disgustaba sobremanera. Nos costaba disimular la desaprobación de aquella actitud y hasta creo que en algunos momentos pudimos rozar un tono un poco desagradable con aquellos "curiosos".

Y, sin embargo, resultaba encantador hablar con personas que empatizaban, que nos hacían saber que estaban ahí por si eran necesarias (aún sin decirlo), y especialmente cuando compartíamos buenos recuerdos y nos proponíamos repetirlos en el futuro. Esto es justo lo que necesitábamos.

Nos pareció tan importante el apoyo de nuestros compañeros de viaje, que he querido dejar aquí esta pequeña reflexión, para estar a la altura cuando por desgracia se presente alguna ocasión en el futuro en la que nos encontremos al lado de una persona que se enfrenta a un infortunio. Creo que entonces bastará si, cuando estamos con ella, recordamos otras palabras de El Principito:

— «Lo más importante es invisible».

E intentamos mirar más adentro.

23. La intervención de Silvia

El jueves, Silvia se despertaba en su noveno día en el hospital en lo que empezaba a ser una insufrible rutina. Estaba desanimada, pero aún con fuerzas para superar todo aquello. Mientras le colgaban el cartel con el mensaje «Ayuno» en su cama, pensó en las veces que había pasado ya por quirófanos. La más dura de todas fue en Tucson, embarazada apenas de unas semanas de Pablo. Visitando el museo del desierto con Javier, se había dado cuenta de que veía mal por un ojo y el oftalmólogo le diagnosticó un pequeño desprendimiento de retina, que requería intervención quirúrgica urgente.

Habían pasado solo unos días desde que aterrizaron en Arizona, cuando aún resultaba difícil entender el acento y comunicarse con soltura, lo que hizo aún más complicado y angustioso todo el proceso.

Con la fuerza de una madre de veinticinco años, ella mismo había solicitado ser intervenida sin anestesia general, para salvaguardar del posible riesgo a su bebé, y eso hizo de aquella pequeña intervención un gesto de heroicidad, reconocido por todo el personal médico que la atendió. Así, la imagen del Dr. Owen quedaría en nuestras retinas y su trabajo en la de Silvia.

Silvia fue allí un ejemplo para todos los que le aconsejaban abortar, y escribió una heroicidad que no sale en los libros, como otras muchas de las que han hecho nuestras madres por cada uno de nosotros. Después, habían venido las dos cesáreas, con las que recibió a Pablo y María, en circunstancias más sencillas, pero pasando por quirófano, al fin y al cabo.

Trató de buscar motivos para la esperanza. Había avances. Javier estaba ya en casa y a Pablo le darían el alta posiblemente al día siguiente. Esto le sugería que a ella la volverían a cambiar de habitación, esta vez con otra paciente. Había hablado con Javier para que no fuera, porque parecía extremadamente cansado en su adaptación a la nueva vida en casa.

Precisamente, Javier había llamado a Pablo para preguntarle por la situación, pero era uno de esos días en los que su hijo estaba liado con otras cosas y no fue muy comunicativo. En el hospital, las noticias eran confusas. Seguía la huelga de médicos y alguien informó de que al menos un paciente había vuelto a su planta desde el quirófano sin ser operado.

Cuando entraron a la habitación para trasladar su cama al quirófano, flotaba en el ambiente la incertidumbre de si se iba a llevar a cabo la operación o si se iba a optar por la inmovilización externa rígida. Fuera como fuese, aquel día era el principio de la siguiente etapa y se pondría fin a la tan injustificadamente larga estancia en el hospital.

La intervención consistiría en una fijación de las vértebras lumbares L1 y L2. En algún momento, ella y toda la familia había albergado la esperanza de que en la misma operación pudiera también atacarse el problema neurológico (protrusión) en las vértebras L4 y L5, que era una dolencia previa al accidente. Pero el equipo médico lo había descartado por completo desde un primer momento. Tocaba, entonces, esperar a que se fijasen las vértebras dañadas en el accidente, prolongando el padecimiento que ya se arrastraba. El equipo médico llegó a comentar, incluso, que la fijación prevista iba a perjudicar a la lesión existente, por cuanto las vértebras que albergaban la protrusión iban a sufrir más con otras vértebras inmovilizadas. Esto resultaba descorazonador, pero ahora era el momento de afrontar el primer paso, y ya bastante complicado iba a ser superar este reto como para pensar el día después.

Una vez abajo, Silvia recibió con alivio la noticia de que ese día sí contaban con médico anestesista. El miedo, mezclado con el natural nerviosismo que sentía al entrar en el quirófano, se aliviaba por la esperanza de mitigar su dolor y de comenzar la recuperación.

Cuando Silvia franqueó la puerta del quirófano, le invadió una mezcla de ansiedad y alivio. Tuvo un extraño *déjà vu* al sentir el frío de la sala tan iluminada y el aroma a desinfectante. Pudo ver varias personas del equipo médico rodeándola, ofreciendo palabras de aliento y asegurándole que estaba en buenas manos.

Ahora sentía miedo, mientras los facultativos preparaban todo a su alrededor, su corazón latía con fuerza. Vio como introducían la anestesia por la vía, y le pareció sentir cómo entraba ese líquido frío en su vena, mientras se sumía en un estado de somnolencia. Allí, las preocupaciones se desvanecieron y empezó a verlo todo borroso, antes de sumergirse en un sueño profundo, confiando en que todo iba a ir bien.

Poco antes de las 11:50 de la mañana, el equipo médico confirmó que había sido una intervención un poco más complicada de lo previsto, pero que había salido muy bien. Incluso mencionaron que iban a publicar los resultados.

Por fin buenas noticias para Silvia, apenas salía de los efectos de la anestesia. Estaba entonces en la sala de despertar, a la que son conducidos los pacientes en las horas después de las intervenciones, para realizar un seguimiento exhaustivo de sus constantes vitales. Le instalaron un dispositivo para aplacar el dolor: una bomba de morfina que podría utilizar ella misma con un pulsador. Silvia, que siempre había sido extremadamente fuerte ante el sufrimiento, se propuso no utilizarlo. Pero, poco después, el dolor afectaba a todo su cuerpo: el ojo había sufrido un derrame durante la operación; la clavícula, esternón y costillas estaban fracturadas; las vértebras lumbares, recién intervenidas; y la lesión neurológica se encargaba de generar dolor en las extremidades inferiores. Acertó a pulsar el botón y se quedó dormida.

Por la tarde, Dini acercó a Javier al hospital. Antes, se pasaron por el taller donde habían llevado los restos del automóvil. Allí, ambos comprobaron la brutalidad del impacto. La parte frontal del coche estaba prácticamente deshecha, amortiguadores y elementos de la suspensión en el suelo, la llanta de aleación partida por la mitad y todo el bloque del motor desplazado de su posición original, formando un amasijo de metal, plásticos y cables. El interior estaba, sin embargo, mucho menos deformado. Todos los sistemas de seguridad del automóvil parecían haber funcionado a la perfección. Como luego reconocería el agente de la Guardia Civil responsable de elaborar el atestado del accidente, el coche resultó clave para que los tres salieran con vida.

Eran prácticamente las cinco de la tarde cuando Dini y Javier llegaron al hospital. Entre sueño y sueño, Silvia abrió los ojos y allí estaba Javier, a quien habían dejado entrar a la sala de despertar unos minutos, de forma excepcional. Se sentía muy débil, aunque ya estaba informada del esperanzador resultado de la intervención. Como todo el personal que accedía a esa sala, extremando las condiciones de asepsia, Javier vestía gorro y bata verde, amén de la mascarilla, que aún era obligatoria en todo el recinto hospitalario desde la pandemia del COVID-19. También llevaba calzas, pero en su posición inmóvil en la camilla no podía verlo.

Se agarraron de la mano y apenas hablaron, porque no hacía falta.

— ¿Cómo estás? —preguntó, casi retóricamente, Javier.

— Muy dolorida, pero muy contenta porque me han podido operar.

Silvia se sentía animada, a pesar de las circunstancias.

Ya por la noche, la volvieron a subir a la habitación y allí estaba Pablo. Pudo encender el teléfono para ver la hora, pero no pudo leer los mensajes porque tenía bastante dolor. La noche del jueves al viernes fue una noche más de hospital, con la ayuda de los calmantes.

Pablo se dejó convencer para meterse en la cama con el halo-chaleco. Las noches anteriores las había pasado en un sillón de los que instalan para las personas acompañantes. Eso no era lo más cómodo y parecía claro que antes o después habría que intentar descansar en un colchón, con una posición más horizontal.

Pero el intento de pasar la noche en la cama acabó resultando una terrible pesadilla. Dadas las circunstancias, todo hacía recomendable que Pablo se quedase unos días más en el hospital, pero él quería regresar a casa a toda costa. Una casa en la que sólo estaba su padre, maltrecho y muy limitado, y que no podía ayudarle en absoluto. Lo que era peor, por entonces solo había un sillón reclinable, a compartir por los dos accidentados.

Aun así, Pablo había conseguido pasar un complicadísimo jueves.

Amaneció el viernes y, después del desayuno, ayudaron a Silvia a incorporarse y levantarse de la cama, para sentarse por primera vez en la silla. Fue entonces cuando sintió un dolor atroz, que debió consumir las pocas fuerzas que le quedaban, porque fue sucedido por una repentina y brusca bajada de tensión. Se sintió extremadamente mal y desfalleció. El personal sanitario reaccionó con urgencia, aplicando inmediatamente una solución de suero salino a través de una de las vías y morfina para aplacar el terrible dolor. Poco a poco, Silvia recuperó las constantes y una vez estabilizada, la acostaron de nuevo en la cama.

Ya por la tarde, volvió a intentar levantarse y lo consiguió, con menos dolor. Fue el primer paso. Al final de la tarde la mejoría se hacía notar. Después del frustrante momento de por la mañana, el día había transcurrido con pequeños éxitos, como fueron el mantenerse en bipedestación mientras le hacían varías radiografías o resistir ya un buen rato sentada. Había disfrutado de una primera ingesta de un café con galletas para merendar y un poco de sopa y un yogur para la cena. El ansiado camino de la recuperación había, por fin, comenzado para ella.

Para Pablo el día había sido algo más llevadero: se sentía con ganas de abandonar aquel hospital, como si aquello fuera ya un primer paso para normalizar su vida.

El sábado dieron, por fin, el alta a Pablo. Para entonces, su maltrecho padre había hecho lo poco que había podido para ventilar la casa durante horas, atenuando así el riesgo de cualquier brote asmático de su hijo, que era alérgico a los gatos. Todo ello porque Piña aún seguía en la casa, si bien ya estaba confinada en la habitación de María de forma permanente.

Una vez que Pablo abandonó el hospital, a su halo-chaleco atornillado, Silvia se quedó sola, por primera vez, en la habitación. Hasta la noche de ese domingo, no traerían a otra paciente, con quien compartiría las últimas horas de recuperación antes del alta.

Había sido incapaz de persuadir a su hijo que se quedase un día más, lo que era a todas luces lo más recomendable, dada su alergia al gato, el asma y las contracturas que habían aparecido los días anteriores, pero Pablo se había aferrado al alta como a un bote salvavidas. En esas circunstancias era muy difícil, ya no hacerle cambiar de opinión, sino tan solo conseguir que considerase otra opción.

Poco después de las cinco de la tarde, María llegaba directamente desde Madrid a compartir el fin de semana con su familia. Así, pudo asistir a los primeros pasos de Silvia, con el andador. Compartió un buen rato con su madre y se fue a descansar a Louro.

Allí, fue María la encargada de administrar la heparina a su hermano y a su padre, aprovechando su mejor mano sanitaria, y ambos lo agradecieron sobremanera.

24. Todos en Louro

El lunes diecisiete de abril se cumplían ya trece días desde el accidente y llegaba el esperado momento del alta hospitalaria para Silvia. María Candamo, la hija de Dini, tenía que desplazarse esa mañana a Santiago, a un curso de inglés, y se ofreció a acercarme al hospital. Así que, poco antes de la hora de comer, estaba entrando en la habitación del hospital a la que habían trasladado a Silvia. Estaba allí con una nueva compañera y su hija.

En general, Silvia tenía bastante mejor aspecto que la última vez que la vi, a excepción de un derrame en el ojo izquierdo, que teñía de rojo su esclerótica. Me inquietaba bastante aquello, sobre todo por la apariencia, que era muy preocupante. Si los ojos son el espejo del alma, la de Silvia en esos momentos definitivamente debía estar hecha trizas, pensé. Afortunadamente, una oftalmóloga que pasó instantes después por la habitación nos confirmó que estos derrames eran algo bastante frecuente en intervenciones de espalda, debido a la posición del paciente durante la operación, y lo que era más importante, que no revestía importancia.

Silvia se encontraba razonablemente bien, con el ojo un poco raro, pero al fin y al cabo era un moratón más de los que prácticamente cubrían nuestros cuerpos. En un gesto de valentía, no quiso esperar a que yo localizase una silla de ruedas y bajó hasta la puerta del hospital con el andador, cosa que más tarde lamentaría. Aquel esfuerzo pronto se hizo notar y los momentos de espera al transporte que nos llevaría a Louro fueron muy duros.

A pesar de todo, a las 14:40 del diecisiete de abril estábamos llegando a nuestra casa. El tiempo en Louro era primaveral e invitaba a vivir con más ilusión que nunca, pero el reto de la recuperación no había hecho más que empezar. Ante nosotros teníamos una estancia mucho más larga de lo previsto en Louro, lo cual tenía su parte buena, pero era algo que nos pillaba totalmente desprevenidos. Yo, por ejemplo, apenas tenía ropa para estar unos días y el estado de salud no era el más apropiado para ir de compras. Estos fueron pequeños detalles que pudieron solventarse, una vez más, con el constante apoyo de nuestros amigos en Louro y Valladolid.

Dini me regaló unas camisetas, que resultaron perfectas para ponerme debajo del corsé. Nina, quien nos ayudaba con las tareas de casa en Valladolid, nos preparó un envío de ropa. Fue divertido cómo lo hicimos: en el curso de una videollamada, Nina iba recorriendo la casa de Valladolid mientras le indicábamos lo que queríamos que cogiese.

— Abre el cajón de arriba y busca un pijama azul claro —le decíamos, mientras ella enfocaba con la cámara del teléfono y transmitía en directo cada movimiento.

Pablo pedía desesperadamente pastillas para dormir, pues las primeras noches en casa estaban resultando imposibles para él. Conseguimos que mi familia nos enviase, junto con algunos apósitos especiales, media docena de lorazepam, mientras Pablo conseguía una prescripción médica para una sustancia de similar propósito, el diazepam.

Al mismo tiempo, decidió acondicionar y personalizar el dormitorio que utilizaba en la casa de Louro para utilizarlo durante los meses que tendría que permanecer en recuperación. Era una estancia bastante amplia, que hasta entonces apenas tenía lo indispensable para una residencia de verano: una cama, un armario, la cómoda y una mesilla de noche.

Lo primero que hizo fue renovar la mesa de trabajo, instalar una silla de oficina y añadir también un espejo. Después, dedicó un par de tardes a buscar una lámina para la cabecera de la cama. Buscó dibujos de M. C. Escher y al final se decidió por una réplica de *Reptiles*. Como todas las creaciones de Escher, es un grabado cuya contemplación invita a detenerse varios minutos. En la imagen, una hoja de un cuaderno de dibujo contiene un mosaico de reptiles que cubren el espacio bidimensional, perfectamente encajados unos en otros. De pronto, del papel salen algunos reptiles, pasando de dos a tres dimensiones. La lámina daba un toque muy personal a la habitación.

Como toque final, dedicó un par de días muy intensos a construir un modelo del barco *Queen Anne's Revenge*, con el que el pirata Barbanegra hostigó a navíos que surcaban el Caribe y la costa occidental de África. La maqueta, que había comprado Pablo en internet, constaba de trescientas cuarenta piezas que, una vez montadas, mostraban un espectacular velero pirata de tres mástiles, un total de diez velas, todas ellas negras, y con un gran detalle, que incluía hasta luces en los camarotes. Se trataba de un modelo a escala 1:95, resultando una pieza ornamental espectacular, de setenta centímetros de eslora y otros tantos de altura. *La Venganza de la Reina Ana* fue el elemento decorativo final en la estancia renovada.

Pablo aún completaría su escritorio con un soporte para elevar la posición de la pantalla de su ordenador portátil y un teclado y ratón externos, calidad *gaming*. La habitación estaba pintada en un color morado, con todos los muebles en color negro. Al entrar, destacaba la figura del barco pirata, también negro, encima de una cómoda.

Esta nueva decoración hacía más llevadero el tormento de Pablo durante el día. El sillón reclinable con las pastillas para dormir, ayudaban por la noche. Aun así, seguían las contracturas en la parte del cuello y hombros, lo que intentaba Pablo apaciguar con el calor de una manta eléctrica, también comprada *in extremis*. Estaban siendo días bastante duros y noches aún peores.

Pocos días después, molesté una vez más a Elena para que subiera a nuestra casa de Valladolid y nos preparase otro envío estratégico. Así, recibimos un paquete con ropa de Valladolid y mi ordenador que, tras una reparación por desperfectos en el viaje, se convirtió en un elemento esencial para normalizar la fase de recuperación y para darle forma a este relato.

Además, libros: los que teníamos sin leer, los que nos regaló Suso de Toro, y alguno más que compramos, a los que ya hemos hecho referencia. Además de *Trece badaladas*, me atreví a leer algún relato más en gallego (*Ollos de auga*, de Domingo Villar) y famosísimas novelas en inglés, que no había tenido oportunidad o valentía de leer anteriormente. Disfruté muchísimo de *The Great Gasby* (F.S. Fitzgerald) y *The Lord of the Flies* (W. Golding). Fueron pequeños privilegios de este periodo de "incapacidad temporal" a cambio de los dolores de la recuperación.

También, seguir conectados a alguna tarea del trabajo hizo más fáciles y útiles nuestras vidas durante aquellos días. Silvia había retomado alguna actividad prácticamente desde el día que regresó a casa, siempre entretenida con mil compromisos de la universidad. Ella era, por entonces, la directora de un departamento en la universidad y hasta que se designó a un sustituto, era la responsable de firmar un montón de documentos para que el microcosmos académico siguiese en movimiento. Yo la reprendía, para que se tomase más en serio la recuperación, pero al mismo tiempo comprendía que aquello la mantenía más entretenida. Así que, en lugar de insistir, intenté imitarla.

Apenas unos días después del accidente, había programado una primera videoconferencia con mi compañero, recién aterrizado en la Oficina de apoyo al Comisionado para la Ciencia y la Tecnología, Manolo González. A pesar de su excelente capacidad y profesionalidad, mi accidente le dejó en una situación extremadamente complicada en un trabajo nuevo para él, condenado, además, a la más absoluta soledad. Yo había trabajado los últimos quince años como técnico de apoyo al Comisionado. Sin embargo, por razones más políticas que técnicas, el equipo de personas que formaba el

Comisionado se fue desmontando y desconectando, hasta que quedamos Manolo (recién llegado) y yo que, aún destinado en la Consejería de Educación, mantenía una dedicación parcial de apoyo al Comisionado.

Esta situación facilitó que nos hiciésemos compañía durante toda la convalecencia: él manteniéndome "vivo" en el trabajo, que es a lo que he dedicado toda mi vida; y yo aportando exiguamente, pero a partes iguales, mi apoyo y alguna información que conocía más por la experiencia que por otra cosa.

La primera vez que me conecté y vi la imagen de Manolo al otro lado, experimenté un sentimiento estremecedor, porque tomé conciencia real de que estaba volviendo a "mi vida". Sentí una emoción infinita, que llevó lágrimas a mis ojos, porque me di cuenta de que, de nuevo, estaba en algo que podía haber perdido para siempre. No había reparado en ello hasta ese momento.

Mucho tengo que agradecer a aquellas conexiones esporádicas con el trabajo, aunque fuera para sentirme entretenido, realizado, necesario... Las reuniones abordaban inevitablemente otros temas relacionados con la salud y los sentimientos, y quedaron como un fino, pero importantísimo, hilo que me conectaba con lo que había sido mi vida hasta el momento.

Eventualmente, las videoconferencias con Manolo se veían interrumpidas por el sonido de las bocinas del panadero, la pescadera o el repartidor de butano (si ese día era jueves). Esta práctica, que superaba el concepto de venta ambulante, es una característica más de la sofisticación de la vida en la aldea. Siempre me había preguntado cómo puede ser rentable un negocio en el que un panadero recorre kilómetros para ir repartiendo pan a sus clientes. Porque, sí, se trata de clientes: hasta cuatro panaderos distintos reparten pan en la aldea. Cada uno con un sonido de bocina diferente: *Louane, Forno Uhía, Corona de Galicia* y el panadero de Louro (si no me olvido de nadie). Cuando no estás en casa, dejan el pan en una bolsa en la puerta y al día siguiente, o cuando se pueda, se hacen las cuentas. Año dos mil veintitrés y todos creíamos que *Amazon* era lo último: pues no, esto aquí ya existía desde siempre.

Hasta el propio Manolo consiguió, vía videoconferencia, acertar desde Valladolid con el sonido del claxon del panadero, cuando llegaba a nuestra casa, alrededor de la una y media de la tarde. Y yo mismo le escuchaba decir, desde su oficina:

— El pan, Javier, paramos un momento si quieres.

Lo que no podía percibir Manolo era el seductor aroma de la comida recién hecha, que cada día nos preparaba Maricarmen "Da Buena". Conocíamos a Maricarmen desde nuestros primeros veranos en Louro, cuando asiduamente visitábamos el restaurante *A Esmorga*, en Muros. Allí disfrutábamos, entre otras cosas, de un excelente arroz con bogavante, y de unas maravillosas vistas (siempre nos guardaban una mesa al lado de la ventana). Maricarmen trabajaba en cocina, pero siempre subía a saludarnos y sin tener otra relación que aquellas periódicas visitas al restaurante, nos teníamos mucho aprecio mutuo.

Después del accidente, parecía claro que necesitábamos ayuda en casa y Silvia, con la inestimable colaboración de

Dini y Concha, acertó a hablar con Maricarmen. Era una cocinera extraordinaria, por lo que a Pablo y a mí nos pareció una idea excelente desde el momento en el que se planteó.

Cada día, Maricarmen llegaba sobre las once de la mañana y permanecía atareada en diversos frentes. Pero era su mano en la cocina lo que eclipsaba todas sus demás actividades. El olor a comida casera recién hecha empezaba a intensificarse a partir de las dos de la tarde y permanecer concentrado en cualquier otra cosa se hacía realmente difícil. En algunas ocasiones, particularmente los domingos, nos preparaba la comida en su casa para traérnosla justo al tiempo de comer. Ahí tenía más posibilidades, por jugar en terreno propio, y era entonces cuando nos regalaba sus más sofisticados platos. Sabía que teníamos costumbre de comer a las tres de la tarde y, aunque no nos importaba adelantar o retrasar la hora, ella siempre fue más puntual que un reloj suizo.

Maricarmen fue un ángel, en todos los sentidos, con el que pudimos contar en ese momento tan complicado. Su historia, que pude ir conociendo por encima, no parecía haber sido nada fácil. Había sido marcada por el peor golpe que puede sufrir una madre, como es perder a su hijo en el mejor momento de la vida. Ya casado y con un par de retoños muy pequeños, tuvo un accidente de trabajo en una salida de trabajo en México. Para Maricarmen, al drama y dolor de la pérdida, se sumaron las dificultades de la repatriación del cuerpo de su hijo. Su vida estuvo marcada por muchas más dificultades, pero creo que todas quedarían eclipsadas por esta desgracia.

Maricarmen vivía con su hermana, enferma, a quien prácticamente dedicaba su tiempo. Tenía también otra hija con dos nietos, que llenaban de energía la casa de la abuela durante el verano.

Nunca, en los más de cuatro meses que Maricarmen estuvo con nosotros aquel verano, vimos un gesto de desagrado o enfado en su cara. Sí vimos, alguna vez, asomar alguna disimulada lágrima, cuando hablábamos cariñosamente del pasado, un pasado que nunca estuvo a la altura de Maricarmen ni de lo que ella se merecía. En el fondo, creo que ella veía en Pablo un recuerdo de su hijo y esto era bonito. Si pensamos en Maricarmen, pensamos en una persona siempre alegre, atenta, dispuesta, cariñosa... un auténtico ángel. No tengo ni idea de por qué la llamaban "Da buena", pero se me ocurren mil razones para ello.

25. Pequeños pasos, grandes hitos

Cada noche cumplíamos el ritual de la inyección de heparina. Yo era el encargado de administrármela y a continuación de aplicársela a Pablo y Silvia. Lo aceptábamos con resignación, aunque empezábamos a cansarnos de tanto pinchazo, y de hecho tampoco encontrábamos mucho sentido a seguir con las inyecciones diarias, dado que ya teníamos cierta movilidad. No obstante, fuimos disciplinados y sumisos a lo prescrito por los médicos y cumplimos religiosamente, con un par de raras excepciones en las que Pablo se negó en rotundo a ponérsela.

Cada dos días, tocaba la cura de las grapas de la operación de Silvia y también la asepsia de los tornillos del halo craneal de Pablo. Estos pequeños rituales ya formaban parte de la cotidianidad de nuestras nuevas vidas.

Y así fuimos cubriendo pequeños pasos de un camino que confiábamos que nos devolvería más tarde o más temprano a lo que siempre habíamos tenido como "vida normal", aunque ahora lo anhelábamos como un objetivo a largo plazo.

Prácticamente dos semanas después del accidente, el día diecinueve de abril, Silvia se animó a dar un paseo por las calles circundantes a nuestra casa de Louro, usando el andador. Fue nuestro primer paseo juntos y la primera ocasión para que algunas personas de la aldea pudieran ver que habíamos salido vivos del accidente.

Dos días después, Dini se iba con sus hijos a Santiago y Taika se quedaba sola, así que acordamos que la trajese a casa. Fue sorprendente que Taika apenas mostró gestos de emoción al regresar. Silvia sostenía que seguramente estaba enfadada porque desaparecimos sin dejar rastro, pero yo más bien pensaba que había estado muy bien en casa de Dini y que tenía un cariño especial por ella, pues cada vez que nos la encontrábamos, Taika hacía una demostración exagerada de cariño, incluso sobreactuando, si es que este término puede aplicarse a los perros.

De este modo, el sábado veintidós de abril salí a dar el primer paseo con Taika. Hacía algunos días que había marcado ese fin de semana para empezar a salir de paseo con ella, aunque todos a mi alrededor me habían dicho que era muy prematuro.

Salimos con la idea de hacer un paseo corto, hasta la Iglesia de Santiago de Louro. Hay un camino de tierra, lejos del tráfico, que lleva por las escuelas y el campo de fútbol, y que solemos transitar a menudo. De salida nos acompañaba una ligera llovizna, que se sentía especialmente agradable, porque nos recordaba que podíamos caminar y mojarnos de vida. Más adelante, la lluvia se transformó en un chaparrón al modo de la más pura primavera celta. Desde ese día, Taika ya se quedó con nosotros. Los paseos de los siguientes días seguirían siendo fatigosos, con pasos pequeños, no llegando muy lejos, pero conseguí salir cada día un rato por la mañana y otro por la tarde, lo cual decían los médicos que favorecería mi recuperación. Eran mis pequeñas victorias y me reconfortaba pensar que al menos hacía lo que estaba en mi mano por recobrar mi salud cuanto antes.

Paso a paso, cada día recuperábamos un poco más la movilidad perdida. En aquel momento, me resultaba llamativa la dificultad de Silvia para andar, incluso con el andador, pero hacía menos de una semana que yo estaba en sus mismas circunstancias. Y es que la recuperación de los primeros días había sido muy notable. La exigencia mental, para superar la situación tan difícil que estábamos pasando, se atemperaba con estos avances.

Yo sentía que, mientras ganaba en movilidad, aparecían misteriosamente otros dolores. Uno de los principales consistió en un notable agravamiento del talón, que me venía molestando desde el día del accidente. Con la intensificación del tiempo en bipedestación y los primeros paseos, el dolor se había acentuado y había ido a mucho peor. Más adelante sufrí un terrible dolor en los hombros, que limitaba considerablemente mis movimientos, hasta prácticamente dejarme inmóvil mi brazo izquierdo. Me diagnosticaron una tendinitis y problemas en el manguito rotador, que fue algo a lo que los traumatólogos no le dieron importancia, pues para ellos sólo existía la fractura de la vértebra L4. Pero aquello complicaba mi capacidad funcional sobremanera en esas fechas.

El quince de mayo, en lo que fue mi primera revisión en el hospital de Santiago, recibí el alta en el servicio de cirugía torácica, pues esternón y xifoides parecían estar soldando bien. En esa fecha, sin embargo, aún no podía dormir de costado y las noches seguían siendo la peor parte de cada jornada. De hecho, las molestias nocturnas en el tórax continuaron durante meses. Por aquellas fechas también pasamos la primera revisión con Pablo, en donde se confirmaba que la posición de las vértebras era adecuada (el armatoste estaba funcionando) y nos emplazaban para una prueba de imagen en tres semanas.

A medida que pasaban los días, el progreso seguía siendo positivo, pero los avances se hacían cada vez más lentos. Había que retroceder en el tiempo una semana o más para evidenciar alguna mejora. Esto nos presentó una nueva dificultad: era necesario incorporar una buena dosis de paciencia a nuestra recuperación, para evitar la desesperación. Esta palabra, paciencia, era entonces la más habitual en los mensajes de ánimo que recibíamos.

Nos encontrábamos en un punto en el que habíamos superado el accidente, habíamos esquivado a la muerte, las fracturas se iban soldando, pero aún estábamos muy lejos de recobrar un estado aceptable de nuestra salud. Nuestras rutinas seguían inmersas en dolores, limitaciones y también algo de incertidumbre. Así que, de nuevo, la recuperación se estaba convirtiendo en un reto muy exigente desde el punto de vista mental, ahora con menos avances tangibles y sin pequeñas victorias cotidianas, que nos habían alentado durante los primeros días.

Quizá, este periodo fue el más complicado desde el punto de vista anímico. Era como encontrarse navegando en medio del océano, lejos del puerto de salida, pero aún sin divisar, ni siquiera de lejos, el puerto de destino.

Las noches aún eran inclementes con nosotros. Ya habían transcurrido varias semanas desde el accidente y seguíamos sin poder dormir de costado. Esto hacía que el tiempo desde el ocaso hasta el amanecer se hiciera interminable. Silvia, por desgracia, seguía necesitando algún medicamento para dormir y únicamente eso, unido a su fuerza de voluntad, la mantenía en cama hasta por la mañana.

Mi caso era diferente: al principio, gracias al analgésico, me era posible dormir inmóvil, boca arriba, hasta las dos o las tres de la mañana, para después ir a buscar reposo en el sofá y dar una segunda cabezada hasta el amanecer. Más adelante, la hora de traslado al sillón se fue retrasando, pero aún hicieron falta muchas semanas para conseguir ir inclinando el cuerpo hacia los costados y vencer el dolor, y así disfrutar del verdadero placer del cambio postural en la cama. Solo entonces, aún con alguna molestia, pude experimentar el privilegio de pasar una noche entera en la cama.

Unas diez semanas después del accidente, en la revisión del 16 de junio, me prescribieron el "destete" (sic.) del corsé. Durante las siguientes semanas tendría que ir retirándolo paulatinamente e ir tonificando la masa muscular perdida. Empecé a retirar lo que había sido mi protección desde el día después del accidente, de forma muy paulatina. Fue cuando me di cuenta de lo débil que había quedado mi musculatura. Sin corsé volvía a tener una sensación de inseguridad en la columna, similar a la que tenía en el hospital. Eso sí, con mucho menos dolor y sin la amenaza del aún recordado chispazo de dolor.

La pérdida de musculatura se unía a la fragilidad aún de la fractura no completamente soldada, que propició un pequeño paso atrás en mi estado general. Descubrí, entonces, que tenía una pequeña zona en la que había perdido la sensibilidad en la piel, aunque me seguía doliendo al hacer un poco de presión. Se trataba de una zona "anestesiada", que decidí ver desde el lado cómico como una nueva zona para aplicar inyecciones en el futuro. La recuperación era una pequeña caja de sorpresas.

Una semana después, acompañamos a Pablo al hospital para que le liberasen, por fin, del halo-chaleco. Pasamos antes por la misma ortopedia que me había facilitado el corsé el día de inicio de las vacaciones de Semana Santa, lo que me brindó la oportunidad de volver a agradecerles su gesto, cosa que ya había hecho por correo electrónico. Allí compramos un collarín un poco más decoroso que el que suelen ofrecer gratuitamente en la sanidad pública. Pablo estaba especialmente preocupado por su imagen y la comodidad, después de los meses de tortura y la experiencia previa con el dispositivo que padeció los primeros días en el hospital.

Pasamos consulta con Pablo y el doctor prescribió, por fin, el cambio del halo-chaleco por el collarín. Parecía que la vértebra estaba bien, aunque el huesecillo posterior, odontoides, no estaba aún soldado perfectamente. No obstante, mantener el halo-chaleco no iba a ayudar mucho, así que, nos indicó ir a la sala de enfermería para que se lo retirasen.

La tarea de desmontar el artilugio no debía ser algo habitual para la enfermera y la auxiliar que atendieron a Pablo, porque minutos después, se vieron obligadas a pedir ayuda al propio doctor, quien dirigió el proceso en primera persona. Silvia y yo esperábamos impacientes en la sala de espera, hasta que vimos aparecer a Pablo con el collarín, unos apósitos enormes cubriendo las cicatrices dejadas por los tornillos y unos ojos que adivinaban una sonrisa de oreja a oreja, que la mascarilla (por entonces de uso obligatorio en los hospitales) no podía ocultar.

Lo primero que hicimos ese día, de camino a Louro, fue comer en el restaurante *Ríos*, de O'Freixo, donde habíamos planeado celebrar, el día seis de abril, el cumpleaños de Pablo, pero al que finalmente no habíamos podido acudir por el accidente. Pablo estaba eufórico, exultante. Nosotros, sin embargo, estábamos un poco preocupados porque no tuviera el necesario cuidado, una vez liberado de la tortura, y empeorase su lesión, particularmente la del hueso posterior de la vértebra.

Nos comunicó su decisión prácticamente ese mismo día:

— El día 29 me vuelvo a Aranda y estaré un par de semanas, para recibir a unas visitas de clientes importantes de Hong Kong y Corea.

— Es muy pronto, Pablo —le decíamos con preocupación, sabiendo que era inútil hacerle cambiar de opinión.

— No os lo estoy consultando, os estoy informando —nos contestaba, en su estilo más genuino, que ya había utilizado desde su más temprana mayoría de edad.

Y así fue. En un viaje a Santiago se compró un sombrero de estilo Panamá, para ocultar las cicatrices al sol y poder vestir un traje. El día veintinueve de junio partió para Aranda en tren, pues aún no podía conducir con el collarín. Allí estuvo un par de semanas, como había planeado, para luego regresar, dado que la actividad comercial en la bodega durante el verano era prácticamente nula.

La siguiente revisión fue ya a mediados de julio y sorprendentemente (por lo menos a Silvia y a mí nos parecía muy pronto) le retiraron el collarín. Desde ese momento, aún con una movilidad un poco limitada en el cuello, Pablo empezó a retomar, de nuevo, su vida normal. La inauguración consistió en una improvisada churrascada en casa y después no quedó fiesta sin participación de Pablo: las Carrilanas de Esteiro, las Fiestas del Carmen de Muros, las Fiestas de Louro y más adelante, Sonorama, ya en Aranda.

Ese mismo día coincidió la primera revisión de Silvia, a la que incluyeron ya en lista de espera de intervenciones quirúrgicas, para retirar las fijaciones internas. Esta lista iba a demorar la intervención al menos medio año o más, lo que daría tiempo a la consolidación de las fracturas.

Silvia estaba, pese a todo, bastante mal aún: la fractura de la clavícula no acababa de soldar, para lo que le prescribieron tomar calcio. Pero lo que era peor, la paulatina mejoría (en una pequeña parte) y la adaptación a esa situación de convalecencia (en mayor medida) le habían hecho incrementar su actividad, lo que había agravado notablemente sus dolencias neurológicas previas. La protrusión nerviosa entre las vértebras L4 y L5 originaba un fuerte dolor en las piernas, particularmente al acabar el día. Su vida se había vuelto miserablemente dura por el accidente, y a pesar de que la recuperación del accidente no era óptima, aparecían ya las indeseadas complicaciones adicionales.

Pese a todo ello, el calendario estrenó agosto con la ilusión de las últimas revisiones de Javier, la visita de María por vacaciones, y el cada vez más cercano regreso a Valladolid para atajar los problemas de Silvia lo antes posible.

Con agosto empezamos también a recibir algunas agradables visitas de amigos de Valladolid, que compartieron comida y un rato con nosotros. Y también algunos "turistas" de la Playa de San Francisco, con quienes habíamos coincidido muchos veranos antes de comprar la casa en la aldea.

Louro se llenó de gente, todos los restaurantes y establecimientos abrieron y estaban desbordados de clientes. No había sitio, ni siquiera para aparcar, pero así es la vida en la costa. Nosotros habíamos formado parte de esa marea durante muchos años, y agradecíamos poder volver a ver muchísimas caras conocidas.

El verano volvía a ser lo que había sido siempre, todavía sin poder ir a la playa, ya que no podíamos tumbarnos en la arena, ni siquiera sentarnos en una silla. Pero podíamos aún pasear, sobre todo, por aquellos lugares menos concurridos, como la playas de *Area Maior* o de Lira.

Huyendo del bullicio y de los sitios más concurridos en el verano, Taika y yo buscamos recorridos apartados del mundo. Aquellos paseos fueron de lo mejor que nos había pasado en mucho tiempo.

Algunos días, partíamos por el *Camiño do Xistos*, bordeando a distancia la *lagoa de Louro* y las dunas que la rodean, escondiendo la playa de *Area Maior*. La laguna es un humedal catalogado como zona de especial protección de los valores naturales, un auténtico lujo del patrimonio natural. Tanto a mí como a Taika nos impresionaba ver las poblaciones de aves en diferentes épocas del año. Después, supe que se han contabilizado más de cien especies, entre aves residentes, estivales, invernantes y en paso y accidentales u ocasionales.

Las aves hacían que cada día el paseo fuera diferente. Además, el aspecto de la laguna va cambiando durante el año, a medida que es alimentada por las lluvias y el río *Longarelo*, hasta que las aguas del humedal provocan el espectacular suceso denominado ruptura del *ingüeiro* y conectan con el mar.

Nuestra caminata dejaba atrás la laguna para avanzar, a la sombra del Monte Louro, hasta las generalmente desiertas calas de la playa de *O Machado*. Desde allí, la visión del océano azul, infinito. Momento de detenerse a respirar, a ver los barcos saliendo o regresando, según la hora del día y divisar, cuando las nubes lo permiten, el perfil de Finisterre.

Más adelante, regresábamos, siempre al cobijo del Monte Louro, para detenernos unos instantes ante la cruz que recuerda a nuestro amigo David Candamo. Él fue una de las personas con las que más rápidamente establecimos una conexión de amistad en la aldea, porque con él era muy fácil. Durante muchos años, disfrutamos de su amistad, determinación y energía. Pasamos, gracias a él, momentos maravillosos y aprendimos a amar esa tierra.

Pero aquella nefasta tarde de marzo de dos mil diecinueve, el Monte Louro, al que él tanto amaba, lo citó para la eternidad. David nos dejó de repente, sin previo aviso, y ya Louro nunca fue lo mismo. Silvia y yo hemos echado de menos muchas veces a David, pensando lo que él habría disfrutado con nuestro asentamiento en la aldea. Nos dejó, pero no quedamos desprovistos de su cariño y de su energía, que sigue ahí, particularmente en la cruz que recuerda el lugar de su partida.

No podemos volver a compartir momentos con el amigo que ya no está, pero honramos su memoria evocando los tiempos que compartimos, su sonrisa, su palabra siempre de ánimo y volviéndole a escuchar en nuestro interior. Luego, una última mirada a la cruz; si son las once del mes de agosto, el sol cegador la ilumina desde atrás. Nos protegemos de los rayos directos con la sombra de la cruz y entonces disfrutamos de la visión de un resplandor infinito a su alrededor. Allí, le despedimos, diciéndole que hoy seguimos echándole de menos.

En nuestros paseos, Taika y yo siempre hacíamos por pasar por ese lugar. Desde allí, las vistas que se abrían ante nuestros ojos eran de una impresionante belleza. Siempre que pasábamos, me confortaba saber que esa impresionante visión fue la misma que compartió el alma de nuestro amigo en sus últimos momentos. Después, con una última mirada al océano, recobrábamos ya el camino de vuelta a casa, por la vertiente interior de la ría.

En otras ocasiones, recorríamos el camino de las escuelas y pasábamos la Iglesia. Subíamos ya por un camino forestal hasta el mirador del *monte Naraio*. En ese punto contemplábamos, de nuevo, la impresionante vista de la laguna a los pies del monte Louro, escondiendo el encuentro entre la ría de Muros y el océano. Las dunas y su vegetación única, desde ahí, sí dejaban ver la poco frecuentada playa de *Area Maior*. Al fondo, la sierra de Barbanza, a menudo difuminada por la bruma. Solíamos siempre perder unos instantes en el mirador, para reemprender camino, bajando hacia el cruce de *Ancoradoiro*, ahora absortos con la belleza del azul oceánico y el blanco inmaculado del faro de Lariño. Regresábamos a Louro por caminos entre antiguas huertas, ya abandonadas, pero ocultas al sol por una frondosa vegetación y surcadas por regueros que Taika tenía perfectamente localizados. Allí, especialmente en los días de calor, Taika aprovechaba para practicar un ritual imposible: bañarse y beber agua a la vez. Lo que viene a ser refrescarse por dentro y por fuera en el clímax de la felicidad perruna. Esta zona era conocida coloquialmente como "la selva" o "Jumanji", aunque obviamente esto no figura así en ningún mapa.

Otras veces, Taika se empeñaba en avanzar por la senda Verde y explorar los innumerables pasos que hay entre la vertiente de la ría de Muros y la de la costa atlántica, alternando vistas que competían entre sí por encerrar, cada cual, más belleza. En nuestras caminatas estaban siempre omnipresentes el monte Louro o la figura de Finisterre y, más cerca, flores, prácticamente en cualquier época del año, y el canto de los pájaros, que hacían de la experiencia algo extraordinario. En algunas ocasiones solíamos también atravesar la aldea de Taxes y parar en los petroglifos de *Laxe das Rodas* que, especialmente a primera hora de la mañana, con la luz atacando casi horizontal, resultaban espectaculares.

Disfrutamos mucho de los últimos días en Louro, ya declinando el mes de agosto, de la compañía y calor de nuestros amigos, de las visitas de nuestros hijos, María y de Pablo, y de la luz y la magia de este rincón tan maravilloso del planeta tierra, en el que pasamos casi cinco meses después del accidente.

26. *Souvenirs* del viaje

He contemplado, en más de una ocasión, algún vídeo que recoge la experiencia de personas con discapacidad auditiva cuando les colocan un implante y pueden así escuchar sonidos por primera vez. Su natural reacción es llorar, embargados por una emoción infinita. La maravillosa e inenarrable sensación de escuchar la voz de un ser querido resulta para ellos un regalo fascinante, extraordinario, único.

También, he contemplado las expresiones de fascinación de personas con ciertos tipos de daltonismo, cuando con unas lentes especiales pueden apreciar por primera vez la visión en colores. Emocionados hasta las lágrimas, disfrutan de la extraordinaria belleza de la naturaleza.

Sin embargo, nosotros nos levantamos cada día, escuchamos, vemos... y damos todo eso por sentado, como si fueran regalos ya amortizados. La miserable condición humana hace que, mientras pasan por nuestros oídos y nuestros ojos todas las maravillas que nos rodean, nuestra mente esté muchas veces perdida en problemas insustanciales del día a día.

Aquel accidente de tráfico, el cuatro de abril de dos mil veintitrés, parecía entonces una desgracia no programada en nuestras vidas.

Emprendimos un viaje de vuelta a la vida un poco más largo y doloroso de lo inicialmente previsto, pero ya nunca nada será lo mismo. Y es que, en este viaje de vuelta, no exento de penalidades, nos encontramos también con unos inesperados regalos.

Hemos aprendido a apreciar muchos privilegios de los que cotidianamente disfrutábamos y que nos pasaban inadvertidos.

Hemos visto que no es posible tenerlo todo controlado.

Hemos conocido la perspectiva de lo que podía haber sido el fin de nuestras vidas. Pero sobrevivimos y seguimos con más fuerzas y más unidos que nunca para enfrentar los retos que aún tenemos por delante.

EL VIAJE DE VUELTA

Epílogo

Este relato concluye apenas cinco meses después del accidente, mientras recogemos nuestro equipaje y nos despedimos de Louro. Hoy hemos comido con Dini, Concha, Moncho, Nuria y María Candamo. Hemos seguido disfrutando de su calor hasta el último minuto. Nos hemos abrazado y nos hemos despedido con el pensamiento puesto en el siguiente encuentro.

Mientras escribo estas últimas líneas, Pablo ya está, de nuevo, en un viaje de trabajo por Asia, con la necesaria supervisión médica, pero con el cariño y admiración de toda la aldea por la valentía y el espíritu de superación con los que ha afrontado la adversidad durante su recuperación, a pesar del tormento del halo-chaleco.

A Silvia y a mí, pero sobre todo a ella, nos queda por delante aún un camino de recuperación, seguramente largo. Pero contamos con la confianza de que hemos crecido como personas y como familia y de que vamos a conseguirlo juntos.

En los muchos o pocos días que me queden en este viaje que es la vida, no quiero olvidar esta experiencia, ni el coraje de Pablo, ni la capacidad de superación de Silvia, ni la madurez de María durante estos meses tan complicados.

Y cuando mire al mar, no quiero tener mi mente en problemas lejanos. Quiero imitar a mi perra Taika, centrar mi pensamiento en la belleza de lo que están viendo mis ojos, sentir el olor a mar, el sonido de las olas y las gaviotas, el placer de la brisa acariciando mi piel y ser consciente del milagro de la vida que tengo delante.

Apéndices

Noticia en la Voz de Galicia

Edición digital 4/4/2023

Heridos tres miembros de una familia de Valladolid en un grave accidente en Mazaricos

C. S. / X. R. A. RIBEIRA / LA VOZ
BARBANZA

CEDIDA

Los tres ocupantes del vehículo fueron trasladados al Hospital Clínico de Santiago, uno de ellos en helicóptero

04 abr 2023. Actualizado a las 19:32 h.

Grave accidente el registrado esta tarde en **Mazaricos**. Una familia de Valladolid, que se disponía a disfrutar de las vacaciones de **Semana Santa** en su casa de Louro, sufrió una aparatosa colisión en la AC−400 a su paso por el núcleo de Fírvado.

El suceso se produjo cerca de las cinco y media de la tarde, cuando la familia se dirigía a Muros a descansar tras almorzar en las proximidades de Santa Comba. Llegados al punto kilométrico 79 de la AC−400, el coche, un BMW 220, se salió de la vía y pasó por encima de una tajea, lo que provocó una **brutal colisión** en la que no hubo otros vehículos implicados.

Fue un particular el que dio la voz de alarma del accidente al 112, alertando de la presencia de un coche siniestrado con tres personas heridas en su interior. Pese a lo aparatoso del accidente los servicios de emergencia **no tuvieron que realizar labores de excarcelación**, al no estar ninguna persona atrapada en el interior del turismo.

Los tres ocupantes fueron trasladados al **Hospital Clínico de Santiago de Compostela**. El conductor del vehículo se llevó la peor parte, ya que fue necesaria la intervención de un helicóptero medicalizado para transportarlo al CHUS, presentando **politraumatismos** de diversa consideración en la zona torácica y en la espalda.

En el operativo de emergencia intervinieron **GES de Muros**, bomberos de Santa Comba, **Guardia Civil de Tráfico**, Protección Civil de Mazaricos, dos ambulancias y el helicóptero H3 del 061.

https://www.lavozdegalicia.es/noticia/barbanza/2023/04/0
4/familia−valladolid−ve−truncadas−vacaciones−
semana−santa−sufrir−grave−accidente−
mazaricos/00031680627207569574262.htm

Ubicación del accidente

42.881270343274366, —8.994055666951608

42°52'52.6"N 8°59'38.6"W

Imágenes de Google Maps

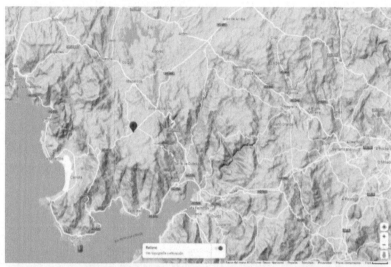

El automóvil, tras el siniestro

Cumpleaños de Pablo, con María

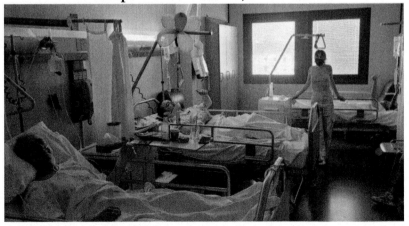

Taika

Monte Louro, la *Lagoa* y a la izquierda, *Area Maior*

Laxe das rodas

O Machado

Taika en la Playa de San Francisco

Louro, desde el *Monte Naraio*

Camino del cementerio de Santiago de Louro

EL VIAJE DE VUELTA

Agradecimientos

Este relato es, en sí, un agradecimiento a todas las personas que en él aparecen, incluso a aquellas que no están nominalmente referenciadas. No quisiera, por tanto, aburrir al lector con párrafos innecesarios, ni asumir el riesgo de olvidarme de alguien.

Sin embargo, esta página me da la oportunidad de mostrar gratitud a mi familia y a todos los amigos que vivieron a distancia nuestro accidente. Sobre todo, a mi hija María, que sin duda fue la protagonista oculta de esta historia.

Pero también, a los compañeros y excompañeros del trabajo, que son nuestra segunda familia. En la vida, he tenido el privilegio de haber estado rodeado de una gente maravillosa y que me han hecho llegar su calor, su fuerza y su cariño en todo momento. Esto constituyó una satisfacción impagable.

Recibimos una cantidad abrumadora de mensajes de ánimo, que constantemente renovaron nuestras energías. Nos hemos sentido muy queridos y ese es el regalo más grande que pudimos recibir.

Estamos aquí gracias a las personas que nos socorrieron en los primeros momentos después del accidente: aquella pareja anónima, que quizá fueron ángeles y no personas. Pudimos contarlo también gracias a los servicios de emergencias, al personal sanitario que nos atendió con profesionalidad, ternura y dedicación sobrenaturales.

Esperamos devolverle a la vida y a la sociedad todo lo que hemos recibido.

Mi gratitud y reconocimiento a los sufridos revisores del primer manuscrito: María (mi hija), Silvia (mi mujer), Cristina (mi hermana) y mi amigo y ex compañero de trabajo, Gregorio Muñoz. Sin su trabajo, la calidad de este relato y la experiencia de su lectura no habría sido la misma.

Printed in Great Britain
by Amazon

32932217R00116